Veronika Stadler

Kinder
Geburtstags
Kuchen

Die besten Rezepte und
Dekorationsvorschläge

mit Fotos von Karl Newedel

Weltbild

Inhalt

Vorwort

Bunte Kuchen für Ihre Kinder

Kinder lieben bunte und lustige Kuchen, mit besonderen Formen oder Tiermotiven. Überraschen Sie am nächsten Kindergeburtstag Ihre Kleinen mit einer neuen Kreation – in diesem Buch finden Sie eine große Auswahl an Rezepten für bunte Herzen und Muffins, Tierkuchen und Thementorten bis hin zu Stern- oder Blumenkuchen. Eine Reihe von Rezepten wurde speziell auf die beiliegende Herzchenform zugeschnitten.

Das Buch wendet sich an Eltern von Kindern aller Altersstufen. Es werden aber auch Erzieherinnen, Tanten und Omas angesprochen, die ihre Gruppenkinder, Nichten, Neffen und Enkelkinder mit originellen Kuchen und Törtchen zum Geburtstag überraschen möchten.

Für Ungeübte und Profis

Alle Rezepte in diesem Buch sind leicht nachvollziehbar beschrieben. Sowohl Backanfänger wie auch Profis können die Kuchen nachbacken. In einem kurzen Einleitungsteil wird die Zubereitung der verschiedenen Grundteige Schritt für Schritt erklärt. Dort können Sie auch die wichtigsten Grundlagen von der Garprobe bis zum richtigen Umgang mit dem Backofen nachlesen. Schließlich bekommen Sie jede Menge nützliche Tipps rund ums Backen und Dekorieren. Sind Sie eine sehr ungeübte Bäckerin? Dann sollten Sie diese Seiten mit den Grundlagen und Tipps zunächst aufmerksam durchlesen. Haben Sie sich dann ein Rezept ausgesucht, das Sie gerne ausprobieren würden, gehen Sie die Liste der Zutaten und die Backanleitung genau durch. Wenn man sich den Vorgang einmal deutlich gemacht hat, ist die Umsetzung umso leichter. Bevor Sie dann endgültig ans Backen gehen, sollten Sie alle Zutaten vorbereiten und sich alle notwendigen Utensilien bereitlegen, damit Sie gut arbeiten können. Eine gründliche Vorbereitung ist übrigens auch erfahrenen Bäckerinnen zu empfehlen. Schauen Sie sich das Rezept genau an, bevor Sie loslegen. Nach längeren Pausen, während der Kuchen im Ofen ist und

abkühlt, erfordert die Fertigstellung und Dekoration meist sehr zügiges Arbeiten.

> ▶ **Hinweis:** Die dem Buch beiliegende Herzchenform sollte nicht in der Spülmaschine gereinigt werden.

Das Besondere an unseren Kinderkuchen

Wir haben die Kuchen für Kinder gebacken. Bei der Auswahl der Zutaten haben wir uns darum an bestimmte Regeln gehalten:

▶ Keines der in diesem Buch enthaltenen Rezepte enthält Kaffee.

▶ Auch auf Alkohol wurde bewusst verzichtet, denn Alkohol verflüchtigt sich selbst beim Backen nicht ganz.

▶ Keines der Rezepte enthält rohe Eier, das gilt insbesondere für die Glasuren. An Schokolade und Süßigkeiten wird naturgemäß nicht gespart, doch die genannten Geschmackszutaten sind für Kinder ganz eindeutig verzichtbar.

Außerdem haben wir Wert darauf gelegt, dass die Kuchen nicht nur schön aussehen, sondern auch gut schmecken. Sie sind auf den Geschmack von Kindern abgestimmt – aber auch Erwachsene werden sie genießen.

Die Bewertungskriterien

Um die Auswahl zu erleichtern, finden Sie bei jedem Rezept eine exakte Angabe zum jeweiligen Schwierigkeitsgrad von 1 bis 3. Dort sehen Sie außerdem, wie hoch der Zeitaufwand für das Rezept und die Dekoration ist, und ob es sich um preiswerte oder eher kostspieligere Rezeptvarianten handelt. Und schließlich sehen Sie auf einen Blick, welche Kuchenform für das Rezept notwendig ist.

Wir haben die Bewertung sorgsam vorgenommen, und sie soll Ihnen einen Anhaltspunkt bieten. Trotzdem sollten Sie sich das ausgewählte Rezept genau durchlesen, sich die einzelnen Schritte klar machen und mit Ihrer individuellen Erfahrung beurteilen.

Schwierigkeitsgrad

Die Einteilung in Schwierigkeitsgrade soll vor allem un-erfahrenen Bäckerinnen die Auswahl erleichtern. Für jemand mit Backerfahrung sind hingegen alle in diesem Buch beschriebenen Kuchen problemlos zu backen. Allerdings erfordert manche Dekoration eine besondere Geschicklichkeit, dies sollten auch die erfahrenen Bäckerinnen bedenken. Wer ungeübt im Backen oder auch im Dekorieren ist, sollte den Kuchen der Wahl möglichst einige Zeit vor dem Geburtstag einmal ausprobieren. Das bewahrt vor unliebsamen Überraschungen am großen Tag.

Zeit

Bei der Einteilung in die Zeitgrade legten wir die gesamte Zubereitungszeit zu Grunde. Diese setzt sich zusammen aus der Zeit, die man für die Bereitung des Teigs braucht und aus der Dekorationszeit. Außerdem muss bei nahezu allen Rezepten Zeit für das Erkalten des Kuchens eingeplant werden, da in der Regel erst dann mit der Dekoration begonnen werden kann.

Kosten

Bei der Einteilung in Kostengrade schlagen vor allem die Dekorationszutaten zu Buche. Ohne viel Aufwand dekorierte Kuchen sind deshalb der Kategorie 1 zugeordnet. Wenn man für die Dekoration viel zusätzlich besorgen muss, erhöht das den Kostenfaktor. Allerdings kann man manche Dekorationsartikel für mehrere Kuchen verwenden, z. B. Zuckerschrift oder Lebensmittelfarbe.

Grundlagen

Sechs Grundteige gibt es, aus denen Sie Ihr Geburtstagsgebäck herstellen können. Damit bei Rühr- und Mürbeteig, Biskuit, Muffins, Hefe- oder Brandteig nichts schief geht, können Sie hier alle Tipps und Tricks nachlesen, die zum sicheren Gelingen führen. Von der Teigzubereitung bis zur Garprobe, vom Umgang mit kleinen Missgeschicken bis zu Tricks für die Dekoration erfahren Sie alles in diesem Kapitel.

Der Teig: sechs Wege zum Glück

Rührteig

1 Alle Zutaten sollten Zimmertemperatur haben.

2 Das Fett mit dem Handrührgerät oder der Küchenmaschine ungefähr eine halbe Minute rühren.

3 Zucker hinzufügen und eine weitere halbe Minute rühren.

Verarbeiten Sie die Zutaten schnell, sonst wird der Teig zäh.

4 Die Eier einzeln unterrühren.

5 Mehl, Speisestärke und Backpulver mischen, auf den Teig sieben und auf kleiner Stufe mit der Milch kurz verrühren. Vorsicht: Nicht zu lange rühren, damit der Teig nicht zäh wird.

6 Zum Schluss werden mit Hilfe eines Teigspatels nach Belieben kleine Schokoladenstückchen, Nüsse, Mandeln oder Trockenfrüchte unter den Teig gemengt.

7 Die gefettete und bemehlte Kuchenform zu drei Vierteln mit Rührteig füllen. Der Kuchen geht beim Backen stark auf.

8 In den ersten 30 bis 40 Minuten des Backvorgangs sollte der Ofen nicht geöffnet werden. Sonst besteht die Gefahr, dass der Kuchen zusammenfällt.

9 Kuchen nach dem Backen 3 bis 5 Minuten in der Form lassen und dann zum Abkühlen behutsam auf ein Kuchengitter stürzen.

Biskuitteig

1 Eier in Eigelb und Eiweiß trennen.

2 Das Eigelb auf hoher Stufe schaumig schlagen und zwei Drittel des Zuckers einrieseln lassen, also nach und nach zugeben. Geschmackszutaten (z.B. Vanillezucker) hinzufügen. Die Eigelbmasse muss so lange geschlagen werden, bis sie das Doppelte an Volumen zugenommen hat und farblich heller geworden ist. Das dauert etwa 8 Minuten.

3 Nun in einer weiteren Rührschüssel das Eiweiß mit dem Rest des Zuckers steif schlagen.

4 Das steif geschlagene Eiweiß auf die Eigelbmasse legen. Speisestärke, Mehl und Backpulver vermischen, über das Eiweiß sieben und mit einem Teigspatel alles locker unterheben. Es dürfen keine Eiweißspuren mehr sichtbar sein.

5 Den federleichten Biskuitteig rasch in die vorbereitete Form füllen. Bei einer Springform wird nur der Boden gefettet und bemehlt, nicht jedoch der Springformrand! Statt den Boden zu fetten, kann man ihn auch mit Backpapier auslegen. – Bleche für Biskuit-

In den Teig muss viel Luft! Zum Unterheben eignet sich ein Teigspatel.

rouladen können mit Back-
papier ausgelegt oder gefettet
und bemehlt werden.

6 Der Teig in der Springform soll nach Ende der
Backzeit 1 bis 2 Minuten in
der Form abkühlen. Der
Kuchenrand wird mit einem
Messer gelöst, und anschließend wird der Biskuitboden
zum Abkühlen vorsichtig auf
ein Gitter gestürzt.

7 Eine Biskuitplatte, die für
eine Biskuitrolle geba-
cken wird, muss nach Ende
der Backzeit sofort vorsichtig
auf ein mit Zucker bestreutes
Tuch gestürzt werden. Das
Backpapier wird vorsichtig
abgezogen, und zum Abküh-
len wird die Platte mit dem
Tuch aufgerollt.

8 Biskuit kann immer erst
nach völligem Erkalten
weiterverarbeitet werden.

Mürbeteig

1 Die Zutaten für einen
Mürbeteig müssen alle
kalt sein.

2 Mit Backpulver vermischtes Mehl in eine Schüssel
sieben. Zucker, Vanillezucker

*Die Zutaten werden vor dem
Kneten zu Bröseln verarbeitet.*

und Salz dazugeben. Die kal-
ten Butter- oder Margarine-
stückchen darauf verteilen.
Mit den Händen Zucker,
Mehl und Butter verreiben
(Abbröseln).

3 Das Ei auf die entstande-
nen Brösel geben und
mit einer Gabel kurz ver-
rühren.

4 Die Masse rasch mit den
Händen verkneten. Mür-
beteig darf nicht zu lange
bearbeitet werden, da durch
die Handwärme das Fett zu
warm wird und der Teig seine Konsistenz verliert.

5 Teig zu einer Kugel formen, in eine Folie wi-
ckeln und etwa 1 Stunde im
Kühlschrank ruhen lassen.
Der Mürbeteig kann auch
länger im Kühlschrank liegen
– bis zu 3 Tage. Sie können
ihn also gut vorbereiten.

Hefeteig

1 Für den Hefeteig müssen
alle Zutaten zimmer-
warm sein.

2 Das Mehl in eine Schüssel sieben und in die Mitte eine Mulde drücken.

3 Die Hefe in die Mulde
bröseln, mit ein wenig
lauwarmer Milch, 1 knappen
Teelöffel Zucker und etwas
Mehl verrühren. Man kann
den Vorteig auch in einer kleinen Schüssel anrühren und
dann in die Mulde gießen.

4 Den Vorteig leicht mit
Mehl bestäuben, dann
die Schüssel mit einem Tuch
bedecken und an einem warmen, zugfreien Ort 10 bis
15 Minuten gehen lassen.

5 Nachdem der Vorteig
deutlich an Volumen
zugenommen hat, Salz,
Zucker, weiches Fett, Milch
und Eier auf dem Mehlrand
verteilen.

▶ **Tipp:** Wenn Sie Tro-
ckenhefe verwenden, fällt
das Anrühren eines Vor-
teigs weg.

6 Mit dem Knethaken alle Zutaten so lange verrühren, bis der Teig Blasen wirft, sich vom Schüsselrand löst und seidig glatt aussieht. Den Hefeteig zugedeckt an einem warmen Ort gehen lassen, bis sich sein Volumen verdoppelt hat.

7 Aufgegangenen Hefeteig auf einer bemehlten Arbeitsfläche kurz und kräftig durchkneten und dann je nach Verwendungszweck weiterverarbeiten.

Muffinteig

1 Oberstes Gebot: Teig nur kurz verrühren, damit die Muffins nicht zäh werden. Gerührt wird mit Knethaken auf kleiner Stufe oder per Hand mit einem Rührlöffel.

2 Die Muffinbackform fetten oder mit Papierbackförmchen auslegen. Die Förmchen nur zu drei Vierteln füllen, da der Teig beim Backen stark aufgeht.

3 Während der ersten 15 Minuten des Backvorgangs den Backofen nicht öffnen, sonst können die Muffins zusammenfallen.

4 Nach Beendigung der Backzeit die Muffins 5 bis 10 Minuten in der Form lassen und anschließend zum Auskühlen auf ein Kuchengitter legen.

Brandteig

1 Wichtigste Regel: Die Zutaten müssen exakt abgemessen werden.

2 In einem engen Topf Wasser, Fett und Salz zum Kochen bringen. Den Topf von der Herdplatte nehmen. Das gesiebte Mehl auf einmal in die heiße Flüssigkeit schütten und mit einem Kochlöffel gut verrühren.

3 Topf wieder auf die Herdplatte stellen und bei geringer Hitze so lange rühren, bis sich die Masse zu einem Kloß formt und am Topfboden ein weißer Belag entsteht. Diesen Vorgang nennt man »abbrennen«.

4 Topf wieder vom Herd nehmen. Die verquirlten Eier einzeln unter kräftigem Rühren in den Teig einarbeiten. Ein gelungener Brandteig glänzt, ist glatt und zieht lange Spitzen.

5 Zum Schluss gesiebtes Backpulver in den abgekühlten Brandteig geben.

6 Beim Backen des Brandteiges entstehen große Hohlräume. Insgesamt nimmt das Gebäck um gut das Doppelte an Volumen zu. Deshalb muss auf dem gefetteten oder mit Backpapier ausgelegten Backblech genügend Abstand zwischen den einzelnen Gebäckteilen gelassen werden.

8 Der Backofen darf während der ersten 15 Minuten der Backzeit nicht geöffnet werden, denn der Brandteig reagiert empfindlich auf Zugluft.

9 Wenn das Gebäck gefüllt werden soll, wird es sofort nach dem Backen noch heiß mit einer Schere vorsichtig aufgeschnitten. Abkühlen lassen und füllen.

Beim Abbrennen bildet sich ein fester Kloß am Topfboden.

Tipps & Tricks rund ums Backen

Garprobe

Wie erkennt man, dass der Kuchen gar ist? Auch wenn die Oberfläche schon eine schöne goldbraune Farbe hat, weiß man noch nicht, ob der Kuchen durchgebacken ist. Mit folgenden Garproben können Sie dies feststellen – und den gebräunten Kuchen

Bleiben keine Teigreste mehr kleben, ist der Kuchen gar.

eventuell mit Folie abdecken, damit er fertig backen kann.

Rührteig

Bleiben beim Einstechen mit einem Holzstäbchen keine Teigreste mehr am Stäbchen hängen, ist der Kuchen fertig. – Wurden Schokolade oder feuchte Zutaten im Teig verarbeitet, muss man allerdings genau hinschauen, ob wirklich Teigreste oder nur geschmolzene Schokolade am Stäbchen klebt.

Wenn sich die Kuchenränder von der Form lösen, ist es ein weiteres Zeichen dafür, dass der Kuchen gar ist.

Mürbeteig

Mürbeteig sieht goldgelb aus, wenn er gar ist. Vorsicht: Zu hell gebackener Mürbeteig schmeckt langweilig, zu lange gebackener Mürbeteig schmeckt bitter!

Biskuitteig

Drücken Sie leicht auf die Biskuitplatte. Sie darf nicht mehr kleben, sondern muss sich weich und formbar anfühlen. Fertig gebackener Tortenbiskuit löst sich von der Form. Am Holzstäbchen dürfen keine Teigreste mehr hängen bleiben.

Muffinteig

Bleiben beim Einstechen an der dicksten Muffinstelle keine Teigreste am Holzstäbchen hängen, sind die Muffins fertig. Auch hier muss man besonders genau hinschauen, wenn Früchte im Teig verarbeitet wurden.

Hefeteig

Bleiben beim Anpieksen mit einem Holzstäbchen an der dicksten Stelle des Gebäcks keine Teigreste hängen, ist es fertig.

Der Backofen

Ein Backofen hat verschiedene Einschubhöhen. Je nach Backofenart ist es wichtig, das Backgut auf der richtigen Schiene zu backen. Als Faustregel gilt: Die Mitte des Backgutes sollte sich immer in der Mitte des Ofens befinden. Darum kommen Bleche auf die mittlere Schiene (Einschubhöhe 2 und 3) und höhere Kuchen auf die untere (Einschubhöhe 1 und 2).

Heißluft

Bei Heißluftöfen können alle Kuchen und Torten auf der mittleren Schiene gebacken werden.
In der Backofenrückwand befindet sich ein Heizsystem, das die erwärmte Luft im Backofenbereich gleichmäßig verteilt. Da die Wärme auf jeder Einschubhöhe gleich ist, ist das Backen auf verschiedenen Einschubhöhen – auch mehrere Bleche gleichzeitig – möglich. Heißluftöfen müssen übrigens nicht vorgeheizt werden.

Ober- und Unterhitze

Wenn Sie mit Ober-/Unterhitze backen, verwenden Sie bei all den Rezepten, für die Sie ein Backblech brauchen,

die mittlere Schiene. Kasten-
und Springformkuchen wer-
den auf der unteren Schiene
gebacken.

Im Backofen befindet sich
ein konventionelles Heizsystem, das den Backofen oben
und unten erwärmt. Hier
kann nur auf einer Ebene
gebacken werden. Ein Vor-
heizen von 5 bis 10 Minuten
ist notwendig.

Gasofen

Wer mit Gas backt, muss
ebenfalls Backbleche mit fla-
chen Kuchen oder Gebäck in
der Mitte einschieben und
Kasten- und Springform-
kuchen auf der unteren
Schiene.

Hier befinden sich die Flam-
men, also die Hitzequelle,
unten im Backofen. Darum
kann nur auf einer Ebene
gebacken werden. Ein Gas-
herd muss vorgeheizt wer-
den, braucht dazu aber nur
wenige Minuten.

> ▶ **Hinweis:** Die Angaben
> bei den Rezepten beziehen
> sich auf Backen mit Ober-
> und Unterhitze. Die ent-
> sprechenden Temperaturen
> für die anderen Öfen fin-
> den Sie in der oben stehen-
> den Tabelle.

Umrechnungstabelle der Backofentemperaturen

Bei den meisten Backrezepten sind Temperaturspannen angegeben, da jeder
Ofen ein wenig anders heizt – unabhängig von der Heizart. Beginnen Sie den
Backvorgang mit der unteren Backtemperatur und erhöhen Sie die Temperatur
bei Bedarf.

Ober-/Unterhitze	Heißluft	Gas
150 °C	130 °C	Stufe 1
160 °C	140 °C	Stufe 1–2
170 °C	150 °C	Stufe 2
180 °C	160 °C	Stufe 2
190 °C	170 °C	Stufe 3
200 °C	180 °C	Stufe 3
210 °C	190 °C	Stufe 4

Tricks vom Teig bis zur Kuchenform

▶ Verwenden Sie zum Ba-
cken reines Vollkornmehl,
müssen Sie die angegebene
Flüssigkeitsmenge um ein
Fünftel (also 20 %) erhöhen.

▶ Die Rührbesen müssen
zum Schlagen des Eiweißes
immer vollkommen fettfrei
sein, da sonst das Eiweiß
nicht steif wird.

▶ Wird das Eiweiß nicht
steif, geben Sie eine Prise
Salz oder einen Spritzer Zitronensaft dazu.

▶ Puderzucker vor Ge-
brauch immer sieben, da er
sonst leicht klumpt. Dies
gilt für eine Verwendung
sowohl für Glasuren als auch
für Teige.

▶ Mürbeteig lässt sich
leichter zwischen zwei Lagen
Frischhaltefolie oder Backpapier ausrollen. Die Arbeitsfläche wird vorher mit einem
feuchten Tuch abgewischt,
damit die Folie bzw. das Papier besser haftet.

*Mit einer Steinrolle bleibt der Mür-
beteig auch beim Ausrollen kühl.*

▶ Löst sich der fertige Kuchen nicht aus der Form,
wickeln Sie kurz ein feuchtes
Tuch um die heiße Form.

▶ Ist der Kuchen innen noch teigig, aber außen schon gebräunt, muss die Backtemperatur etwas niedriger eingestellt und die Backzeit verlängert werden. Zusätzlich decken Sie die Oberfläche mit Backpapier oder Folie ab.

▶ Lässt sich das Backpapier nicht vom Teig lösen, streichen Sie mit einem Pinsel kaltes Wasser auf das Papier.

▶ Ist die Kuchenoberfläche schwarz geworden, können Sie die verbrannten Stellen wegschneiden und den Kuchen mit einer Glasur überziehen.

▶ **Wichtig!** Vor der Teigzubereitung immer erst die Form fetten und mit Mehl bestäuben. Der fertige Teig kann dann direkt eingefüllt werden.

Backform. Dazu pinseln Sie die Form gut mit Butter oder Margarine ein. Dann füllen Sie etwas Mehl in ein kleines Sieb und stäuben die Form damit aus.

Tipps fürs Dekorieren

▶ Um einen Biskuitboden auseinander zu schneiden, stechen Sie mit einem langen Messer bis in die Mitte ein und drehen dann den Biskuit langsam, bis Sie die obere Hälfte mit einem Tortenheber abnehmen können.

▶ Legen Sie den Biskuitboden zum Schneiden auf eine feste Unterlage, z. B. auf eine Pappe, damit er nicht wegrutscht. Sie können als kleine Hilfe vorher die Schneidlinien rundum einritzen.

▶ Für eine Puderzuckerglasur sieben Sie den Puderzucker und rühren nach und nach die Flüssigkeit ein. Die Glasur darf nicht zu flüssig werden.

▶ Statt mit Lebensmittelfarbe können Sie die Glasur auch mit dunklem Fruchtsaft oder Fruchtsirup (z. B. Kirsche oder Traube) einfärben.

▶ Glasuren werden mit einem Esslöffel auf dem Kuchen verteilt und mit einem langen Messer von innen nach außen glatt gestrichen.

▶ Verzierungen werden auf die feuchte Glasur aufgebracht. Wenn sie schon zu trocken geworden ist, kann man mit ein wenig frisch angerührter Glasur die Dekoration festkleben.

▶ Schokolade oder Kuvertüre wird im Wasserbad geschmolzen. Dazu stellen Sie einen Topf mit heißem Wasser auf die Herdplatte. In das Wasser stellen Sie eine Tasse oder hohe Schüssel, in der die Schokolade langsam schmelzen kann ohne anzubrennen. Wichtig: Das Wasser darf nicht kochen!

Eine dünne Klinge eignet sich, um den Biskuitboden zu schneiden.

▶ Den Kuchen immer auf einem Kuchengitter abkühlen lassen, da sich am Kuchenboden oft Kondenswasser bildet und den Boden aufweicht.

▶ Der erste Schritt beim Backen ist immer das Ausfetten und Bemehlen der

Schokolade oder Kuvertüre schmilzt schonend im Wasserbad.

Bunte Kuchen und Torten zum Geburtstag

Möchten Sie Herzchenkuchen ba-cken, oder suchen Sie einen fanta-sievollen Tierkuchen? Darf es eine große Burg sein, passend zum Ritterfest, oder ein lustiger Clown für Ihre Karnevalsparty? Hier kommen sie, die lustigen Kuchen, von denen das Geburtstagskind noch lange träumen wird!

Marzipanherzen

Rührteig (▶ Seite 8)

Schwierigkeitsgrad: 1
Zeit: 1
Kosten: 1
Beiliegende Herzchenform

Zutaten

▷ **40 g Butter oder Margarine**
▷ **40 g Zucker**
▷ **1 Pck. Vanillezucker**
▷ **1 Ei**
▷ **50 g Mehl**
▷ **1 Msp. Backpulver**
▷ **1 EL Milch**
▷ **40 g Marzipanrohmasse**
▷ **40 g gemahlene Haselnüsse**

Dekoration

▷ **100 g weiße Kuvertüre**
▷ **Bunte Zuckerstreusel**
▷ **60 g Marzipanrohmasse**
▷ **1–2 TL Puderzucker**
▷ **Lebensmittelfarbe**

1 Butter oder Margarine schaumig schlagen. Zucker, Vanillezucker und Ei unterrühren.

2 Mehl und Backpulver vermischen, über den Teig sieben und mit der Milch unterrühren.

3 Die Marzipanrohmasse fein schneiden und mit den Haselnüssen untermengen.

4 Den Teig in die gefetteten und bemehlten Herzförmchen füllen und die Herzen 20 bis 25 Minuten bei 170 bis 190 °C backen.

5 Die fertig gebackenen Herzen einige Minuten in der Form lassen, dann zum Abkühlen vorsichtig auf ein Kuchengitter stürzen.

▶ **Tipp:** Wenn man den Herzrand mit einem Messer leicht nachfährt, lösen sich die Herzen leichter aus der Form.
Beim Dekorieren der Herzen können Sie Ihrer Fantasie freien Lauf lassen. Neben den hier vorgeschlagenen bunten Zuckerstreuseln gibt es beispielsweise auch bunte und silberne Zuckerperlen, Zuckerblümchen, Zuckerherzen usw. Sie finden in jedem gut sortierten Supermarkt eine große Auswahl an Kuchendekoration.

6 Für die Dekoration die Kuvertüre grob zerkleinern und im Wasserbad bei schwacher Hitze schmelzen. Die erkalteten Herzen mit Kuvertüre überziehen und mit bunten Zuckerstreuseln bestreuen.

7 Die Marzipanrohmasse mit gesiebtem Puderzucker und Lebensmittelfarbe verkneten. Wer es besonders bunt mag, färbt das Marzipan in verschiedenen Farben. Aus dem Marzipan lange Würstchen formen, auf die Herzen legen und die Konturen damit betonen.

Orangenherzen

Rührteig (▶ Seite 8)

Schwierigkeitsgrad: 1
Zeit: 1
Kosten: 1
Beiliegende Herzchenform

Zutaten

▷ **50 g Orangenfrucht-fleisch**
▷ **60 g Butter oder Margarine**
▷ **60 g Zucker**
▷ **1 Ei**
▷ **1 EL abgeriebene unbe-handelte Orangenschale**
▷ **60 g Mehl**
▷ **1 Msp. Backpulver**
▷ **2 EL Kokosflocken**

Dekoration

▷ **100 g weiße Kuvertüre**
▷ **Zuckerschrift**
▷ **Süßigkeiten, z. B. Smarties, Weingummi, Schokolinsen etc.**

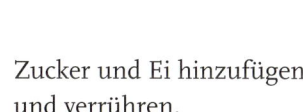
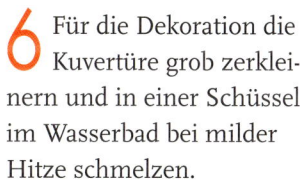

1 Das Orangenfruchtfleisch pürieren.

2 Butter oder Margarine schaumig schlagen.

Zucker und Ei hinzufügen und verrühren.

3 Pürierte Orangen und Orangenschale zum Teig geben. Mehl und Backpulver vermischen, sieben und unterrühren. Zum Schluss die Kokosflocken untermengen.

4 Den Teig in die gefetteten und bemehlten Herz-förmchen füllen und 20 bis 25 Minuten bei 170 bis 190 °C backen.

5 Die fertig gebackenen Herzen einige Minuten in der Form lassen, dann zum Abkühlen vorsichtig auf ein Kuchengitter stürzen.

6 Für die Dekoration die Kuvertüre grob zerkleinern und in einer Schüssel im Wasserbad bei milder Hitze schmelzen.

7 Die Herzen mit Kuvertüre überziehen. Mit Zuckerschrift und Süßigkeiten nach Belieben verzieren.

▶ **Tipp:** Durch das Fruchtfleisch im Teig bleiben die Orangenherzen lange saftig. Zudem bewahrt die Kuvertüre die Oberfläche vor dem Austrocknen. Fetten Sie die Form sorgfältig ein, damit die fertigen Herzen sich gut lösen. Zum Bemehlen genügt es, durch ein Sieb ein wenig Mehl über die gesamte Form zu stäuben.

Grießkuchenherzen

Rührteig (▶ Seite 8)

Schwierigkeitsgrad: 1
Zeit: 1
Kosten: 1
Beiliegende Herzchenform

Zutaten

▷ **1 Ei**
▷ **60 g Zucker**
▷ **1 Pck. Vanillezucker**
▷ **1 Msp. Backpulver**
▷ **1/2 TL Kakaopulver**
▷ **50 g Grieß**
▷ **60 g gemahlene Nüsse**
▷ **2 EL Milch**

Dekoration

▷ **Schokoladenglasur**
▷ **Weingummischnüre**
▷ **Bunte Schokolinsen**
▷ **Zuckerblümchen und -perlen**

1 Ei, Zucker und Vanillezucker gut miteinander verrühren.

2 Backpulver und Kakaopulver mischen, auf den Teig sieben und unterrühren. Abwechselnd Grieß, Nüsse und Milch einrühren.

3 Den Teig in die gefetteten und bemehlten Herzförmchen füllen und die Herzen 20 bis 25 Minuten bei 170 bis 190 °C backen. Anschließend für einige Minuten in der Form abkühlen lassen, dann auf ein Kuchengitter stürzen.

4 Schokoladenglasur im Wasserbad schmelzen. Die abgekühlten Herzen damit überziehen und nach Belieben mit den Süßigkeiten dekorieren.

Kirschherzen

Rührteig (▶ Seite 8)

Schwierigkeitsgrad: 1
Zeit: 1
Kosten: 1
Beiliegende Herzchenform

Zutaten

▷ **100 g Kirschen, aus dem Glas**
▷ **60 g Butter oder Margarine**
▷ **60 g Zucker**
▷ **1 Ei**
▷ **60 g Mehl**
▷ **2 Msp. Backpulver**
▷ **1 EL gemahlene Mandeln**

Dekoration

▷ **100 g Sahne**
▷ **1/2 Pck. Sahnesteif**
▷ **Schokoladenstreusel**
▷ **Einige Kirschen**

1 Kirschen abtropfen lassen und pürieren.

2 Butter oder Margarine schaumig schlagen, Zucker und Ei hinzufügen und unterrühren.

3 Mehl und Backpulver mischen, sieben und unterrühren. Mandeln und die pürierten Kirschen unterheben.

4 Den Teig in die gefetteten und bemehlten Herzförmchen füllen und 20 bis 25 Minuten bei 170 bis 190 °C backen.

5 Die Herzen ein paar Minuten in der Form lassen, dann auf ein Kuchengitter stürzen. Die abgekühlten Herzen in der Mitte waagrecht auseinander schneiden.

6 Die Sahne mit Sahnesteif schlagen, damit die Herzen füllen und überziehen. Mit Schokoladenstreuseln und Kirschen dekorieren.

Erdbeerherzen

Biskuitteig (▶ Seite 8)

Schwierigkeitsgrad: 1
Zeit: 1
Kosten: 1
Beiliegende Herzchenform

Zutaten

▷ **1 Ei, getrennt**
▷ **50 g Zucker**
▷ **30 g Mehl**
▷ **1 Msp. Backpulver**
▷ **20 g Speisestärke**
▷ **20 g zerlassene Butter**

Füllung
▷ **2 Blatt Gelatine**
▷ **150 g Erdbeerjogurt**

Dekoration
▷ **Puderzucker**

1 Das Eigelb mit dem Zucker schaumig schlagen.

2 Das Eiweiß in einer separaten Schüssel steif schlagen und auf die Eigelbmasse legen.

3 Mehl, Backpulver und Speisestärke mischen, über das Eiweiß sieben und mit dem Teigspatel locker unterheben. Zum Schluss die zerlassene Butter vorsichtig einrühren.

4 Den Biskuitteig in die gefetteten und bemehlten Herzförmchen füllen und 20 Minuten bei 170 bis 190 °C backen.

5 Die fertigen Herzen einige Minuten in der Form ruhen lassen. Anschließend die Herzchen vorsichtig aus der Form lösen und zum Auskühlen nebeneinander auf ein Kuchengitter legen.

6 Für die Füllung die Gelatine nach Packungsanleitung auflösen und sorgfältig unter den Erdbeerjogurt rühren.

7 Für die Dekoration eine Herzschablone, die etwas kleiner als ein Herz sein sollte, auf ein Blatt Papier malen und ausschneiden. Aus dieser Herzschablone noch einmal ein kleineres Herz ausschneiden, so dass schließlich ein Herzkranz übrig bleibt.

8 Die abgekühlten Herzen in der Mitte waagrecht auseinander schneiden und mit dem Jogurt füllen.

9 Die Herzkranz-Schablone auf ein gefülltes Herz legen, das Herz mit Puderzucker besieben, dann die Schablone vorsichtig entfernen. Auf die gleiche Art und Weise auch die anderen Herzen verzieren.

> ▶ **Wichtig:** Die Herzränder werden auch gefettet und bemehlt. Obwohl es bei Biskuitteig nicht üblich ist, die Ränder zu fetten, ist es bei den kleinen Förmchen notwendig.

Zebra-Muffins

Muffinteig (▶ Seite 10)

Schwierigkeitsgrad: 1
Zeit: 1
Kosten: 1
Muffinblech
Ergibt 12 Muffins

Zutaten

▷ 2 Eier
▷ 100 ml Sonnenblumenöl
▷ 120 g Zucker
▷ 200 g Mehl
▷ 2 1/2 TL Backpulver
▷ 50 g gemahlene Haselnüsse
▷ 150 ml Milch
▷ 1 EL Kakaopulver

Dekoration

▷ 150 g Vollmilch-Kuvertüre
▷ 3 EL Puderzucker

1 Eier, Öl und Zucker kurz verrühren. Mehl und Backpulver mischen, über den Teig sieben und mit den Nüssen und der Milch unterrühren.

2 Die Hälfte des Teiges in eine extra Schüssel füllen, Kakaopulver einrühren.

3 Abwechselnd hellen und dunklen Teig in die Muffinförmchen füllen; 20 bis 25 Minuten bei 170 bis 190 °C backen. Die Muffins ein paar Minuten in der Form lassen, dann auf ein Kuchengitter legen.

4 Die Kuvertüre zerkleinern, im Wasserbad bei schwacher Hitze schmelzen und erkaltete Muffins damit überziehen.

5 Puderzucker sieben, mit warmem Wasser zu einer dickflüssigen Masse rühren. Damit weiße Streifen auf die angetrocknete Kuvertüre malen.

Bananen-Muffins

Muffinteig (▶ Seite 10)

Schwierigkeitsgrad: 1
Zeit: 1
Kosten: 1
Muffinblech
Ergibt 12 Muffins

Zutaten

▷ 1 große Banane
▷ 100 g Butter
▷ 100 g Zucker
▷ 1 Pck. Vanillezucker
▷ 2 Eier
▷ 50 g gemahlene Nüsse
▷ 1 gestr. TL Zimt

▷ 1 EL Kakaopulver
▷ 1/2 Pck. Backpulver
▷ 120 g Mehl
▷ 1 EL Milch

Dekoration

▷ Schokoladenglasur
▷ Bunte Zuckerstreusel

1 Die Banane zerdrücken. Butter, Zucker, Vanillezucker und Eier verrühren.

2 Nüsse, Zimt und Banane einrühren. Kakao, Backpulver und Mehl mischen, über den Teig sieben und mit der Milch unterrühren.

3 Den Teig in die gefetteten und bemehlten Förmchen füllen und 20 bis 25 Minuten bei 170 bis 190 °C backen. Die Muffins noch ein paar Minuten in der Form lassen, dann auf ein Kuchengitter legen.

4 Schokoladenglasur im Wasserbad schmelzen. Muffins glasieren und mit Zuckerstreuseln verzieren.

Zitronen-Muffins

Muffinteig (▸ Seite 10)

Schwierigkeitsgrad: 1
Zeit: 1
Kosten: 1
Muffinblech
Ergibt 12 Muffins

Zutaten

▷ **100 g Butter oder Margarine**
▷ **150 g Zucker**
▷ **1 Pck. Vanillezucker**
▷ **2 Eier**
▷ **Saft und Schale von 1 unbehandelten Zitrone**
▷ **220 g Mehl**
▷ **2 1/2 TL Backpulver**
▷ **130 ml Milch**

Dekoration

▷ **120 g Puderzucker**
▷ **Smarties**
▷ **12 Schaschlikstäbchen**
▷ **Ringelband**
▷ **Gummibärchen**
▷ **Buntpapier**

1 Weiche Butter oder Margarine, Zucker, Vanillezucker, Eier, abgeriebene Zitronenschale und Zitronensaft mit dem Rührgerät auf kleiner Stufe kurz verrühren.

2 Mehl und Backpulver mischen und über den Teig sieben. Die Milch dazugeben und alles unterrühren.

3 Den Teig in die gefetteten und bemehlten Muffinförmchen geben und 20 bis 25 Minuten bei 170 bis 190 °C backen.

4 Die fertigen Muffins ein paar Minuten in der Form lassen und anschließend zum Auskühlen auf ein Kuchengitter legen.

5 Den Puderzucker sieben und mit 2 bis 3 Esslöffeln warmem Wasser verrühren, bis eine dicke glatte Masse entsteht.

6 Die erkalteten Muffins mit der Puderzuckerglasur überziehen und nach Belieben mit bunten Smarties verzieren.

▶ **Tipp:** Schreiben Sie Zahlen, Glückwünsche oder die Namen der kleinen Gäste auf die »Fähnchen«. Wenn Sie Papierförmchen verwenden, brauchen Sie das Blech nicht einzufetten. Sie legen einfach die Förmchen in die Vertiefungen und können die Muffins damit leicht herausnehmen. Auch zum Servieren brauchen Sie das Papier nicht zu entfernen.

Serviervorschlag: Geburtstagsreigen

1 In jedes Muffin ein Holzstäbchen stecken und sechs Muffins in Form eines Sechsecks auf eine Kuchenplatte legen.

2 Mit Hilfe eines Ringelbandes die Stäbchen miteinander verbinden. In das Ringelband kann man nach Belieben Gummibärchen einknüpfen.

3 Aus dem Buntpapier kleine Rechtecke ausschneiden. Auf jedes Rechteck wird ein Buchstabe gemalt, insgesamt sollen die Buchstaben den Namen des Geburtstagskindes, Glückwünsche oder dergleichen ergeben. Man kann auch mit Zahlen das Datum aufmalen.

4 Die Rechtecke werden als »Fähnchen« hintereinander auf das Ringelband gehängt.

5 Mit den restlichen Muffins kann ein zweites Sechseck gelegt werden, das sich ähnlich dekorieren lässt. Statt der Sechsecke können die Muffins auch in Sternform, als Kreis oder als Viereck gelegt werden.

Geburtstagsmuffins

Muffinteig (▶ Seite 10)

Schwierigkeitsgrad: 1
Zeit: 1
Kosten: 1
Muffinblech
Ergibt 12 Muffins

Zutaten

▷ **260 g Mehl**
▷ **2 1/2 TL Backpulver**
▷ **1/2 TL Natron**
▷ **1 Ei**
▷ **120 g Zucker**
▷ **1 Pck. Vanillezucker**
▷ **125 g weiche Butter**
▷ **260 g Buttermilch oder
   260 ml Milch**

Dekoration

▷ **Schokoladenglasur**
▷ **Zuckerschrift**
▷ **Nach Belieben: Smarties,
   Zuckerperlen, Zucker-
   blümchen, Puderzucker,
   weiße Kuvertüre**

1 Das Mehl mit Backpulver und Natron sorgfältig vermischen.

2 In einer weiteren Schüssel das Ei leicht verquirlen. Dann Zucker, Vanillezucker, Butter sowie Milch oder Buttermilch hinzufügen und gut verrühren.

3 Zuletzt die Mehlmischung vorsichtig unter-

heben. Nur so lange rühren, bis die trockenen Zutaten feucht sind.

4 Den Teig in die gefetteten und bemehlten Muffinförmchen füllen und 20 bis 25 Minuten bei 170 bis 190 °C backen.

5 Die Muffins ein paar Minuten im Backblech ruhen lassen, dann zum Abkühlen auf ein Kuchengitter legen.

6 Für die Dekoration die Glasur schmelzen. Die Muffins damit überziehen und die Glasur leicht antrocknen lassen.

7 Die Muffins auf einer Platte nebeneinander anordnen und mit Zuckerschrift einzelne Buchstaben daraufschreiben, die den Namen des Geburtstagskindes ergeben.

Variationen

▷ Mit mehr Muffins können Sie auch „Happy Birthday"

oder andere Geburtstagsgrüße legen.
▷ Sie können die Muffins auch in Ziffernform anordnen, so dass das Alter des Geburtstagskindes dargestellt wird.
▷ Wenn Sie 2 Esslöffel Kakaopulver und 2 Esslöffel Milch hinzufügen, erhalten Sie dunkle Muffins. Diese sehen mit einer hellen Puderzuckerglasur hübsch aus, die wiederum bunt dekoriert wird.
▷ Der Teig kann auch mit Geschmackszutaten oder Früchten angereichert werden: bis zu 200 Gramm klein geschnittene Früchte oder bis zu 60 Gramm Schokotröpfchen oder Rosinen.

Amerikaner

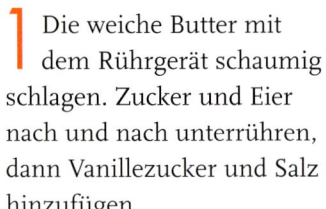

Rührteig (▸ Seite 8)

Schwierigkeitsgrad: 1–2
Zeit: 1
Kosten: 1
Backblech

Zutaten

▷ **80 g weiche Butter**
▷ **120 g Zucker**
▷ **2 Eier**
▷ **1 Pck. Vanillezucker**
▷ **1 Prise Salz**
▷ **330 g Mehl**
▷ **2 TL Backpulver**
▷ **160 ml Milch**

Dekoration

▷ **200 g Puderzucker**
▷ **1 TL Zitronensaft**
▷ **1 TL Kakao**
▷ **Smarties**
▷ **Gummibärchen**
▷ **Zuckerherzen**
▷ **Bunte Zuckerstreusel**
▷ **Zuckerschrift**

1 Die weiche Butter mit dem Rührgerät schaumig schlagen. Zucker und Eier nach und nach unterrühren, dann Vanillezucker und Salz hinzufügen.

2 Mehl und Backpulver mischen, über den Teig sieben. Die Milch zugeben und alles miteinander verrühren.

3 Mit Hilfe von zwei Esslöffeln Teighäufchen von 4 bis 5 Zentimeter Größe auf ein mit Backpapier ausgelegtes Backblech setzen. Zwischen den einzelnen Teighäufchen sollten Sie ausreichend Platz lassen, da sie beim Backen etwas auseinander gehen.

4 Die Amerikaner 15 bis 20 Minuten bei 170 bis 190 °C backen, dann aus dem Ofen nehmen und zum Auskühlen auf ein Kuchengitter legen.

▸ **Tipp:** Wenn Sie wollen, lassen Sie Ihre Kinder beim Verzieren mithelfen. Auch wenn das Ergebnis nicht so perfekt sein mag, macht dies allen Beteiligten sicher großen Spaß.

5 Den Puderzucker sieben, mit dem Zitronensaft und 4 bis 5 Esslöffeln Wasser zu einem festen Guss verrühren.

6 Die Zuckermasse teilen und eine Hälfte mit gesiebtem Kakaopulver verrühren.

7 Die fertig gebackenen und ausgekühlten Amerikaner auf der glatten Seite mit weißem oder braunem Guss bestreichen.

8 Die Amerikaner nach Belieben mit den Süßigkeiten verzieren. Dabei können Sie Zahlen, Buchstaben und Blumen legen, schreiben oder malen – oder einfach bunte Streusel oder Perlen aufstreuen. Wenn der Guss schon zu hart ist, kleben Sie die Dekoration mit kleinen Mengen frisch angerührtem Puderzucker oder einem Tupfer Zuckerschrift fest.

Schokobananen

Biskuitteig (▶ Seite 8)

Schwierigkeitsgrad: 1
Zeit: 2
Kosten: 2
Springform, 26 cm Ø

Zutaten

▷ **3 Eier, getrennt**
▷ **80 g Zucker**
▷ **80 g Mehl**
▷ **1 Msp. Backpulver**

Belag

▷ **150 g Sahne**
▷ **1 Pck. Sahnesteif**
▷ **1 Pck. Vanillezucker**
▷ **2–3 EL Kokosflocken**
▷ **4 große, reife Bananen**
▷ **Schokoladenglasur**

1 Eigelb mit 50 Gramm Zucker schaumig schlagen.

2 In einer zweiten Rührschüssel Eiweiß mit dem restlichen Zucker steif schlagen. Eischnee auf die Eigelbmasse legen.

3 Mehl und Backpulver mischen, über das Eiweiß sieben und alles locker unterheben.

4 Den Biskuitteig in die mit Backpapier ausgelegte Springform füllen und 15 bis 20 Minuten bei 170 bis 190 °C backen.

5 Den Tortenboden zunächst für 1 bis 2 Minuten in der Form ruhen lassen. Dann den Rand mit einem spitzen Messer von der Form lösen und den Boden auf ein Kuchengitter stürzen. Das Backpapier vorsichtig abziehen und den Kuchen abkühlen lassen.

6 Für den Belag die Sahne mit Sahnesteif und Vanillezucker steif schlagen, den Kuchen damit bestreichen und das Ganze gleichmäßig mit Kokosflocken bestreuen.

7 Die Bananen schälen. Erst einmal in der Mitte quer durchschneiden, dann die Hälften längs halbieren. Den Kuchen mit den Bananenvierteln vom äußeren Rand beginnend belegen.

8 Schokoladenglasur im Wasserbad schmelzen und den Kuchen damit überziehen.

9 Die Schokobananen mit einem scharfen Messer ausschneiden. Jedes Stück sollte die Form einer geviertelten Banane haben.

▶ **Tipp:** Bei einem Biskuit dürfen Sie den Rand der Form nicht einfetten. Wenn Sie Backpapier verwenden, wird ebenfalls nur der Boden bedeckt. Dazu legen Sie den Springformboden auf das Backpapier, schneiden das Papier mit einem kleinen Rand entsprechend zurecht und legen die Form damit aus.

Schokobrezeln

Mürbeteig (▸ Seite 9)

Schwierigkeitsgrad: 2
Zeit: 2
Kosten: 1
Backblech

Zutaten

▷ **200 g Mehl**
▷ **40 g Kakaopulver**
▷ **100 g Zucker**
▷ **100 g gemahlene Mandeln**
▷ **180 g Butter**

Dekoration
▷ **Schokoladenglasur**
▷ **Bunte Zuckerstreusel**

1 Mehl und Kakaopulver sieben und mit dem Zucker sowie den Mandeln in eine Schüssel geben und vermischen.

2 Die Butter in Flocken hinzufügen und den Teig rasch verkneten.

3 Den Mürbeteig zu einer Kugel formen, in Folie wickeln und etwa 30 Minuten kalt stellen.

4 Den Teig aus dem Kühlschrank nehmen und noch einmal kurz durchkneten. Aus dem Teig gleichmäßig dicke Röllchen formen und zu kleinen Brezeln drehen.

5 Die Brezeln auf ein mit Backpapier ausgelegtes Backblech legen und 10 bis 15 Minuten bei 180 bis 200 °C backen.

6 Die fertig gebackenen Brezeln mit einem Pfannenwender vorsichtig auf ein Kuchengitter legen.

7 Schokoladenglasur im Wasserbad schmelzen. Die abgekühlten Brezeln damit überziehen und mit bunten Zuckerstreuseln bestreuen.

▸ **Tipp:** Keine Sorge, wenn am Anfang die Teigröllchen reißen – schon nach kurzer Zeit hat man die notwendige Übung, und die Brezeln gelingen immer besser. Wenn Sie unsicher sind, probieren Sie erst einmal mit einem Stück Schnur aus, wie Sie eine Brezel am besten formen. So können Sie auch feststellen, wie lang die einzelnen Teigröllchen sein müssen.

Bananenwaffeln

Rührteig (▶ Seite 8)

Schwierigkeitsgrad: 1
Zeit: 1
Kosten: 1
Waffeleisen, 19 cm Ø
Ergibt 7 bis 8 Waffeln
(17 bis 20 »Sandwiches«)

Zutaten

▷ **120 g Butter**
▷ **70 g Zucker**
▷ **1 Prise Salz**
▷ **2 Eier**
▷ **1 Banane**
▷ **1/2 Pck. Backpulver**
▷ **200 g Mehl**
▷ **150 bis 200 ml Wasser**
▷ **50 g gemahlene Hasel-nüsse**

Dekoration

▷ **100–150 g Nutella**
▷ **Zuckerschrift**
▷ **Nach Belieben Puder-zucker oder Schokola-denglasur**

1 Die Butter schaumig rühren. Zucker, Salz und Eier nach und nach unter die schaumige Butter rühren. Die Banane schälen, mit einer Gabel zerdrücken und mit dem Teig verrühren.

2 Backpulver und Mehl miteinander vermischen, sieben und zusammen mit dem Wasser unter den Teig rühren.

3 Die Haselnüsse unter-mengen. Ist der Teig zu fest, noch etwas Wasser hin-zugeben.

4 Das Waffeleisen vorhei-zen und fetten. Jeweils 2 bis 3 Esslöffel Teig hinein-geben und nacheinander die Waffeln backen.

5 Die Waffeln zum Abküh-len nebeneinander auf ein Kuchengitter legen.

6 Die vollständig ausge-kühlten Waffeln in ein-zelne Herzen teilen. Dazu werden sie auseinander ge-brochen oder besser geschnit-ten. Jeweils ein Herz mit Nutella bestreichen und ein zweites wie bei einem Sand-wich darauf legen. Auf diese Weise mit allen Herzen ver-fahren und die »Sandwiches«

zum Dekorieren auf eine große Kuchenplatte neben-einander legen.

7 Die Herzen nach Belie-ben mit Zuckerschrift verzieren.

8 Schokoladenglasur im Wasserbad schmelzen und kreuz und quer Muster auf die Waffelherzen malen.

▶ **Tipp:** Sie können mit Zuckerschrift die Konturen der Herzen nachziehen, aber auch Namen darauf-schreiben, Gesichter auf-malen oder die Herzen ein-fach mit bunten Mustern verzieren.
Ein paar »Sandwiches« können Sie auch einfach mit Puderzucker bestreuen.

Erdbeerwaffelturm

Biskuitteig (▶ Seite 8)

Schwierigkeitsgrad: 1

Zeit: 1

Kosten: 1–2

Waffeleisen, 19 cm Ø

Ergibt 5 Waffeln

Zutaten

▷ **3 Eier, getrennt**
▷ **100 g Zucker**
▷ **3 EL Wasser**
▷ **1 Pck. Vanillezucker**
▷ **70 g Mehl**
▷ **60 g Speisestärke**
▷ **2 EL Kakaopulver**
▷ **1/2 TL Backpulver**

Füllung

▷ **150 g Erdbeeren**
▷ **300 g Sahne**
▷ **1 Pck. Sahnesteif**

Dekoration

▷ **Kokosflocken**
▷ **Süßigkeiten (Zuckerblumen, Zuckerperlen, bunte Zuckerstreusel, Smarties, Zuckerherzen usw.)**

1 Eigelb mit 75 Gramm Zucker, 3 Esslöffeln Wasser und Vanillezucker schaumig schlagen.

2 Eiweiß in einer separaten Schüssel mit dem restlichen Zucker steif schlagen und auf die Eigelbmasse geben.

3 Mehl, Speisestärke, Kakaopulver und Backpulver mischen, auf das Eiweiß sieben und locker unterheben.

4 Das Waffeleisen vorheizen und fetten. Jeweils 2 bis 3 Esslöffel Teig hineingeben und nacheinander die Waffeln backen. Die Waffeln nebeneinander auf ein Kuchengitter legen und abkühlen lassen.

5 Überstehende Waffelränder mit der Schere wegschneiden.

6 Für die Füllung die Erdbeeren waschen, Blättchen und Stielansätze abzupfen, und die Früchte in Würfel schneiden. Die Sahne mit Sahnesteif steif schlagen.

7 Eine Waffel mit Sahne bestreichen und mit den gewürfelten Erdbeeren belegen. Mit einer zweiten Waffel bedecken, diese ebenfalls mit Sahne und Erdbeeren belegen und mit einer Waffel bedecken. Auf diese Weise alle Waffeln aufeinander schichten.

8 Zum Schluss die restliche Sahne in einen Spritzbeutel mit Tülle füllen und die Herzkonturen der obersten Waffel mit Sahne nachziehen. Mit Kokosflocken bestreuen und nach Belieben mit Süßigkeiten belegen.

> ▶ **Tipp:** Die oberste Waffel können Sie auch mit Erdbeeren verzieren. Bevor Sie die Waffeln zu einem Turm schichten, müssen sie völlig ausgekühlt sein. Sonst wird die Sahne durch die Wärme weich und das Ganze wird matschig.

Jogurthäschenwaffeln

Rührteig (▶ Seite 8)

Schwierigkeitsgrad: 1
Zeit: 1
Kosten: 1
Waffeleisen, 19 cm Ø
Ergibt 6 Waffeln

Zutaten

▷ **100 g Butter**
▷ **2 EL Zucker**
▷ **2 Eier**
▷ **120 g Naturjogurt**
▷ **100 ml Wasser**
▷ **130 g Mehl**
▷ **1/2 Pck. Backpulver**
▷ **2 EL Kokosflocken**

Dekoration

▷ **Zuckerschrift**

1 Die Butter schaumig schlagen, Zucker, Eier und Jogurt dazugeben und alles gut verrühren.

2 Mehl und Backpulver miteinander vermischen und über die Masse sieben. Das Wasser hinzufügen und alles zu einem dickflüssigen Teig verrühren. Je nach verwendetem Mehl können zusätzlich bis zu 20 Milliliter Wasser für den Teig notwendig werden.

3 Die Kokosflocken untermengen. Ist der Teig zu dünn geworden, noch etwas Mehl oder Kokosflocken hinzufügen.

4 Das Waffeleisen vorheizen und einfetten. Jeweils 2 bis 3 Esslöffel Teig hineingeben und nacheinander die Waffeln backen. Die fertigen Waffeln zum Abkühlen nebeneinander auf ein Kuchengitter legen.

▶ **Hinweis:** Wenn Sie ein beschichtetes Waffeleisen verwenden, brauchen Sie es nicht einzufetten. Den Waffelteig kann man gut vorbereiten. Stellen Sie ihn gut abgedeckt in den Kühlschrank, dann hält er sich mehrere Stunden und sogar über Nacht.

5 Die Waffeln in einzelne Herzen teilen. Pro Hase werden zwei Waffelherzen benötigt: Man schneidet die runden Teile eines Herzens links und rechts bogenförmig ab, so erhält man die Hasenohren (siehe Foto auf Seite 31).

6 Der Rest des Waffelherzes bildet den Hasenkopf, an den ein zweites Waffelherz als Körper angelegt wird. Die Ohren werden am Kopf angebracht.

7 Mit Zuckerschrift Augen, Nase und Mund malen. Der Körper bekommt Knöpfe, und den Rest können Sie nach Belieben ebenfalls verzieren, zart mit Puderzucker bestäuben oder auch – dann allerdings vor dem Bemalen – mit einem leichten Guss überziehen.

Naschkörbchen

Knusperteig

Schwierigkeitsgrad: 1
Zeit: 1
Kosten: 1
Backblech
Ergibt 6 Körbchen

Zutaten

▷ **Schale von 1/2 unbe-handelten Zitrone**
▷ **80 g Puderzucker**
▷ **80 g Mehl**
▷ **2 Eiweiß**

Dekoration

▷ **Süßigkeiten nach Belieben**

1 Die Zitronenschale fein reiben.

▶ **Tipp:** Die gebackenen Kreise müssen sofort über sechs umgedrehte Gläser gelegt und geformt werden, da das Gebäck beim Ab-kühlen seine Biegsamkeit verliert.

2 Puderzucker und Mehl miteinander vermischen und in eine Schüssel sieben. Eiweiß und Zitronenschale dazugeben und alles gut ver-rühren.

3 Den Teig 1 bis 2 Stunden ruhen lassen.

4 Das Backblech mit Back-papier auslegen und dün-ne Teigkreise darauf strei-chen. Jeder Kreis sollte einen Durchmesser von etwa 12 Zentimeter haben.

5 Die Kreise 6 bis 8 Minu-ten bei 180 bis 190 °C backen. Noch heiß vom Back-papier abziehen, sofort auf

umgedrehte Trinkgläser legen und zu Körbchen for-men. Die Gläser dürfen nicht zu groß sein, etwa 5 Zentime-ter Bodendurchmesser ist gut geeignet. Es ist hilfreich, aus Papier einen entsprechenden Kreis auszuschneiden. Mit dieser Schablone können Sie vorher ausprobieren, welche Gläser sich gut eignen und die Teigscheiben in der richti-gen Größe aufstreichen.

6 Die Körbchen auf den Gläsern abkühlen lassen. Dann herunternehmen und nach Belieben mit Süßigkei-ten, z. B. Gummibärchen, Smarties und Kaugummi-kugeln füllen.

Apfeltoreletts

Mürbeteig (▶ Seite 9)

Schwierigkeitsgrad: 1
Zeit: 1–2
Kosten: 1
6 Tortelettförmchen,
10 cm Ø

Zutaten

- ▷ **200 g Mehl**
- ▷ **1 Msp. Backpulver**
- ▷ **120 g Zucker**
- ▷ **1 Pck. Vanillezucker**
- ▷ **100 g gemahlene Mandeln**
- ▷ **150 g Butter**
- ▷ **1 Ei**

Belag

- ▷ **250 g Äpfel**
- ▷ **1/2 TL Zimt**
- ▷ **1 Pck. Vanillezucker**
- ▷ **1 EL Zitronensaft**
- ▷ **100 ml Wasser**
- ▷ **18 Oblaten, 50 mm Ø**
- ▷ **2 EL Mandelblättchen**
- ▷ **1 Eigelb**
- ▷ **Puderzucker**

1 Mehl und Backpulver in eine Schüssel sieben. Zucker, Vanillezucker und Mandeln darüber verteilen, dann Butterstückchen und Ei hinzufügen.

2 Den Teig rasch verkneten, zu einer Kugel formen, in eine Folie wickeln und 30 Minuten kalt stellen.

3 Die Äpfel schälen, entkernen und in kleine Würfel schneiden, mit Zimt, Vanillezucker, Zitronensaft und Wasser 3 bis 5 Minuten kernig weich kochen.

4 Zwei Drittel des Mürbeteigs aus dem Kühlschrank nehmen, auf einer bemehlten Arbeitsfläche kurz durchkneten und 3 Millimeter dünn ausrollen.

5 Den Teig mit Hilfe eines Tortelettförmchens ausstechen. Die Teigkreise in die gefetteten und bemehlten Förmchen legen, den Rand hochziehen und den Teig in die Ecken drücken.

6 Die Torteletts mit jeweils drei Oblaten auslegen, darauf die Apfelmasse gleichmäßig verteilen und die Mandelblättchen darüber streuen.

7 Den restlichen Mürbeteig ausrollen, in 5 Millimeter dünne Streifen schneiden und die Torteletts gitterförmig damit belegen.

8 Das Eigelb leicht verquirlen und mit einem Back-pinsel über die Teiggitter streichen.

9 Die Torteletts 30 bis 40 Minuten bei 180 bis 190 °C backen. Herausnehmen, noch etwa 10 Minuten in der Form lassen, anschließend zum Abkühlen auf ein Kuchengitter legen.

10 Die Törtchen nach dem Erkalten mit Puderzucker bestäuben. Sie können die Torteletts auch warm servieren. Dann werden sie nicht mit Puderzucker bestreut, stattdessen passt geschlagene Sahne dazu.

> ▶ **Tipp:** Die Torteletts sehen peppiger aus, wenn ihr Gitter mit farbiger Glasur bestrichen wird und sie mit Süßigkeiten, z. B. Liebesperlen, belegt werden. Stechen Sie den Teigboden in den Förmchen mehrmals mit einer Gabel ein, damit sich keine Blasen bilden. Die Oblaten sorgen dafür, dass die Torteletts nicht durchweichen. Sie können den Boden auch mit gemahlenen Mandeln oder Marzipanrohmasse belegen.

Buchstabentörtchen

Rührteig (▶ Seite 8)

Schwierigkeitsgrad: 1
Zeit: 2
Kosten: 1
Backblech
Ergibt etwa 40 Törtchen

Zutaten

▷ **250 g Butter oder Margarine**
▷ **230 g Zucker**
▷ **6 Eier**
▷ **100 g Mehl**
▷ **2 EL Kakaopulver**
▷ **200 g geriebene Schokolade**
▷ **200 g gemahlene Mandeln**

Dekoration

▷ **100–150 g Aprikosenmarmelade**
▷ **Schokoladenglasur**
▷ **Zuckerschrift**

1 Butter oder Margarine schaumig schlagen. Zucker und Eier abwechselnd hinzugeben und gut verrühren.

2 Mehl und Kakaopulver über den Teig sieben und unterrühren. Schokolade und Mandeln untermengen.

3 Den Teig gleichmäßig auf ein mit Backpapier ausgelegtes Backblech vertei-

len und 20 bis 25 Minuten bei 170 bis 190 °C backen.

4 Den noch warmen Kuchen in etwa 4 x 4 Zentimeter große Quadrate schneiden. Diese auf ein Kuchengitter legen und erkalten lassen.

5 Für jedes Törtchen zwei Quadrate mit Marmelade bestreichen und aufeinander setzen. Auf diese Weise etwa 40 Törtchen herstellen.

6 Für die Dekoration Schokoladenglasur im Wasserbad schmelzen. Die Törtchen damit überziehen und auf jedes einzelne mit Zu-

▶ **Tipp:** Die Törtchen lassen sich auch mit Zahlen beschriften oder können als Tischkarten verwendet werden.

ckerschrift einen Buchstaben schreiben, so dass sich z. B. »Happy Birthday« oder »Alles Gute zum Geburtstag« ergibt.

7 Die Törtchen der Aufschrift entsprechend auf einer Platte anordnen – man kann sie auch in Form von Zahlen legen und so das Alter des Geburtstagskindes darstellen.

Lollis

Mürbeteig (▶ Seite 9)

Schwierigkeitsgrad: 1
Zeit: 1
Kosten: 1
Backblech

Zutaten

▷ **160 g Mehl**
▷ **1 Msp. Backpulver**
▷ **70 g Zucker**
▷ **70 g Butter**
▷ **1 Ei**
▷ **100 g Himbeerkonfitüre**
▷ **ca. 14 Holzstäbchen**

1 Mehl und Backpulver in eine Schüssel sieben und Zucker hinzufügen.

2 Die Butter in Flöckchen darauf verteilen und das Ei hinzugeben. Alle Zutaten rasch zu einem Mürbeteig verkneten.

3 Anschließend den Teig zu einer Kugel formen, in Frischhaltefolie wickeln und eine Stunde kalt stellen.

4 Den Mürbeteig auf einer bemehlten Arbeitsfläche erneut kurz verkneten und zwischen zwei Frischhaltefolien etwa 5 Millimeter dick zu einem etwa 30 x 18 Zentimeter großen Rechteck ausrollen.

5 Die Teigplatte mit der Himbeerkonfitüre bestreichen und zusammenrollen. Die Rollen von der schmalen Seite her in 1 bis 1 1/2 Zentimeter dicke Scheiben schneiden.

6 In jede Scheibe ein Holzstäbchen stecken und die Lollis auf das mit Backpapier ausgelegte Backblech legen. 20 bis 25 Minuten bei 180 bis 200 °C backen.

7 Die fertigen Lollis zum Auskühlen nebeneinander auf ein Kuchengitter legen.

Apfelringe im Backteig

Pfannkuchenteig

Schwierigkeitsgrad: 1
Zeit: 1
Kosten: 1
Beschichtete Pfanne,
Ø ca. 28 cm

Zutaten

▷ **250 ml Milch**
▷ **2 Eier**
▷ **1 EL Öl**
▷ **200 g Mehl**
▷ **1 Prise Salz**
▷ **5 große, säuerliche Äpfel**
▷ **50 g Zucker**
▷ **1/2 TL Zimt**
▷ **Ausbackfett**

1 Milch, Eier, Salz und Öl gut verrühren. Gesiebtes Mehl unterrühren.

2 Äpfel schälen, vom Kernhaus befreien und in ca. 1/2 Zentimeter dicke Ringe schneiden.

3 In einer Pfanne Fett zum Sieden erhitzen. Apfelringe einzeln durch den Backteig ziehen und schwimmend im Fett auf beiden Seiten goldbraun backen.

4 Zucker und Zimt vermischen. Die abgetropften Apfelringe darin wenden.

▶ **Tipp:** Bei größeren Mengen sollte das Fett zwischendurch gewechselt werden.

Obsttörtchen

Rührteig (▶ Seite 8)

Schwierigkeitsgrad: 1
Zeit: 1
Kosten: 1–2
6 Tortelettförmchen,
10 cm Ø

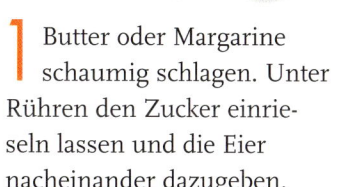

Zutaten

▷ **60 g Butter oder Margarine**
▷ **60 g Zucker**
▷ **2 Eier**
▷ **70 g Mehl**
▷ **1 Msp. Backpulver**
▷ **60 g Speisestärke**

Belag

▷ **Obst nach Wahl, z.B. Bananen, Himbeeren, Kiwi, Erdbeeren oder Dosenfrüchte, je nach Jahreszeit**
▷ **1 Pck. klarer Tortenguss**

Dekoration

▷ **100–200 g Sahne**

1 Butter oder Margarine schaumig schlagen. Unter Rühren den Zucker einrieseln lassen und die Eier nacheinander dazugeben.

2 Mehl, Backpulver und Speisestärke mischen, über den Teig sieben und verrühren.

3 Den Teig in die gefetteten und bemehlten Tortelettförmchen geben und 20 Minuten bei 170 bis 190 °C backen.

4 Die fertigen Törtchen vorsichtig aus dem Förmchen lösen, auf ein Kuchengitter legen und auskühlen lassen.

5 Frisches Obst waschen, putzen und zerkleinern, Dosenobst abtropfen lassen. Die abgekühlten Torteletts damit belegen.

6 Den Tortenguss nach Packungsanleitung zubereiten und auf den Obsttörtchen verteilen.

7 Die Sahne steif schlagen, in einen Spritzbeutel füllen und die Torteletts damit verzieren.

▶ **Tipp:** Sie können die Torteletts auf Vorrat backen. Luftdicht verpackt halten sie sich im Kühlschrank einige Tage, man kann sie aber auch einfrieren und bei Bedarf einzeln auftauen.

Biskuitschnecken

Biskuitteig (▶ Seite 8)

Schwierigkeitsgrad: 2
Zeit: 2
Kosten: 1
Backblech
Ergibt 5 bis 6 Schnecken

Zutaten

▷ **5 Eier, getrennt**
▷ **150 g Zucker**
▷ **1 Pck. Vanillezucker**
▷ **90 g Mehl**
▷ **40 g Speisestärke**
▷ **1 Msp. Backpulver**

Füllung
▷ **100–150 g Marmelade**

Dekoration
▷ **kleine Smarties**
▷ **2–3 EL Puderzucker**
▷ **Lakritze**

1 Eigelb mit 100 Gramm Zucker und Vanillezucker schaumig rühren.

2 Eiweiß mit dem restlichen Zucker steif schlagen und auf die Eigelbmasse legen.

3 Mehl, Speisestärke und Backpulver mischen, auf das Eiweiß sieben und alles mit einem Kochlöffel locker unterheben. Nun nicht mehr zu kräftig rühren, da das Eiweiß sonst zusammenfällt.

4 Den Biskuitteig gleichmäßig auf das mit Backpapier ausgelegte Backblech streichen und 10 Minuten bei 190 bis 210 °C backen.

5 Den fertig gebackenen Biskuit vorsichtig auf ein mit Zucker bestreutes Tuch stürzen.

6 Das Backpapier entfernen und die heiße Teigplatte mit Hilfe des Tuchs vorsichtig aufrollen und auf einem Kuchengitter erkalten lassen.

7 Die abgekühlte Biskuitrolle in 3 bis 4 Zentimeter dicke (insgesamt 10 bis 12) Scheiben schneiden. Für eine Schnecke benötigt man zwei Scheiben.

8 Eine Scheibe vorsichtig abrollen, mit Marmelade bestreichen und wieder aufrollen. Die gefüllte Scheibe bildet das Schneckenhaus. Der längliche Teil des Schneckenkörpers besteht aus einer unbestrichenen ausgerollten Biskuitscheibe.

9 Das Schneckenhaus ganz gerade auf das Ende des Schneckenkörpers setzen. Es wird mit etwas Marmelade fixiert.

10 Für den Schneckenkopf ein Ende des Körpers nach oben einrollen. Damit er hält, wird er ebenfalls mit ein wenig Marmelade eingestrichen.

11 Für die Augen werden mit Hilfe von Puderzuckerglasur kleine Smarties am Kopf der Schnecke angebracht. Für die Glasur gesiebten Puderzucker mit einigen Tropfen Wasser verrühren und die Smarties damit betupfen.

12 Mit zwei kurzen Lakritzstückchen werden die Schneckenfühler über den Augen platziert. Dazu mit einer Stricknadel vorsichtig zwei Löcher vorbohren und die Lakritzstückchen hineinstecken.

13 Die fertigen Schnecken zart mit Puderzucker besieben.

▶ **Tipp:** Wenn sich die Roulade nicht vom Backpapier löst, träufeln Sie ein wenig kaltes Wasser darauf. Die Biskuitroulade muss aufgerollt abkühlen, damit sie für die weiteren Schritte elastisch bleibt.

Martinsgänse

Hefeteig (▸ Seite 9)

Schwierigkeitsgrad: 1
Zeit: 3
Kosten: 1
Backblech
Ausstecher für Gänse

Zutaten

▷ **500 g Mehl**
▷ **20 g Hefe**
▷ **80 g Zucker**
▷ **200–250 ml Milch**
▷ **50 ml Öl**
▷ **1 Ei**
▷ **1 Prise Salz**
▷ **1 Eigelb**
▷ **20–30 g Rosinen**

Dekoration
▷ **Puderzucker**

1 Das Mehl in eine Schüssel sieben und in die Mitte eine kleine Mulde drücken.

2 Zerbröckelte Hefe, 1 Teelöffel Zucker und ein wenig lauwarme Milch in die Mulde geben und mit etwas Mehl zu einem Vorteig verrühren.

3 Den Vorteig mit Mehl bestäuben, zudecken und 15 Minuten an einem warmen, zugfreien Ort gehen lassen.

4 Öl, Ei, restlichen Zucker, restliche Milch und Salz auf den Mehlrand geben und alle Zutaten zu einem glatten Teig verrühren. Den Teig 1 Stunde zugedeckt an einem warmen Ort gehen lassen.

5 Auf einer bemehlten Arbeitsfläche den Teig ungefähr 1 Zentimeter dick ausrollen, mit einer Form Gänse ausstechen und auf ein mit Backpapier ausgelegtes Backblech legen.

6 Das Eigelb verquirlen und die Gänse damit bestreichen. Die Rosinen als Augen hineindrücken, das Blech abdecken und die Gänse nochmals 10 Minuten gehen lassen.

7 Dann das Blech in den Ofen schieben und die Gänse 20 bis 25 Minuten bei 180 bis 200 °C backen. Anschließend zum Abkühlen auf ein Kuchengitter legen.

8 Die erkalteten Gänse leicht mit Puderzucker besieben und frisch servieren. DasGebäck passt gut zu herbstlichen Kaffeetafeln, zum Beispiel kombiniert mit Obsttörtchen (siehe Seite 37).

▶ **Tipp:** Auf die gleiche Weise lassen sich beliebige Formen wie Nikoläuse, Osterhasen, Herzen etc. backen. Dazu schneiden Sie die jeweilige Form als Schablone freihändig aus oder benutzen entsprechende Ausstecher, die es inzwischen in zahlreichen Variationen gibt. Oder Sie stechen mit einem Glas runde Plätzchen aus und verzieren sie nach dem Backen mit Schokoladenguss, Puderzuckerglasur, Smarties und Zuckerschrift zu lustigen Gesichtern.

Tigerententorte

Rührteig (▶ Seite 8)

Schwierigkeitsgrad: 2
Zeit: 3
Kosten: 2
Springform, 26 cm Ø

Zutaten

- ▷ **140 g Butter oder Margarine**
- ▷ **200 g Zucker**
- ▷ **1 Pck. Vanillezucker**
- ▷ **1 Prise Salz**
- ▷ **4 Eier**
- ▷ **260 g Mehl**
- ▷ **2 TL Backpulver**
- ▷ **80 ml Milch**
- ▷ **50 g Kokosflocken**

Dekoration

- ▷ **250 g Marzipanrohmasse**
- ▷ **150–200 g Puderzucker**
- ▷ **Lebensmittelfarbe (grün, braun, gelb)**
- ▷ **Schokoladenstreusel**
- ▷ **Zuckerschrift**

1 Butter oder Margarine schaumig schlagen. Zucker, Vanillezucker, Salz und Eier abwechselnd hinzugeben und alles gründlich verrühren.

2 Mehl und Backpulver mischen, über den Teig sieben und mit der Milch unterrühren. Zum Schluss die Kokosflocken untermengen.

3 Den Rührteig in die gefettete und bemehlte Springform füllen und 50 bis 60 Minuten bei 170 bis 190 °C backen.

4 Die fertig gebackene Torte zum Abkühlen vorsichtig auf ein Kuchengitter stürzen.

5 Für die Dekoration zunächst eine Tigerente auf ein Blatt Papier malen und als Schablone ausschneiden.

6 Dann die Marzipanrohmasse für den Tortendeckel mit 2 bis 3 Esslöffeln gesiebtem Puderzucker verkneten und zwischen zwei Lagen Frischhaltefolie 1 bis 2 Millimeter dick ausrollen. Um das exakte Maß für den Tortendeckel zu bekommen, dient der Springformboden als Schablone.

7 Die Marzipanplatte auf die Torte legen.

8 Das übrig gebliebene Marzipan ausrollen, mit Hilfe der Schablone die Tigerente zuschneiden und mit drei verschiedenfarbigen Puderzuckerglasuren bemalen. Für jede Farbe wird ein Esslöffel gesiebter Puderzucker mit einigen Tropfen Wasser und Lebensmittelfarbe zu einer eher dicken Glasur verrührt. Die Räder der Ente werden grün, der Körper wird dunkelbraun und gelb gestreift.

9 Die Marzipan-Tigerente auf die Torte legen.

10 Aus dem restlichen Puderzucker mit wenigen Tropfen Wasser eine Glasur zubereiten. Den Tortenrand damit bestreichen und Schokoladenstreusel darauf streuen.

11 Mit Zuckerschrift ober- und unterhalb der Ente weiter verzieren.

> ▶ **Tipp:** Damit die Tigerente sofort erkannt wird, sollten Sie eine Vorlage aus einem Buch auswählen und danach eine Schablone anfertigen. Und so geht's: Nehmen Sie einen Bogen Butterbrotpapier, legen Sie es auf die Zeichnung und pausen Sie die Umrisse ab. Nun unterlegen Sie das Butterbrotpapier mit kariertem Papier und übertragen die Umrisse auf ein größeres Stück Karopapier – Kästchen für Kästchen.

Bunte Windbeutel und Schwäne

Brandteig (▶ Seite 10)

Schwierigkeitsgrad: 2–3
Zeit: 2
Kosten: 1
Backblech

Zutaten

▷ **1/4 l Wasser**
▷ **50 g Butter oder Margarine**
▷ **1 Prise Salz**
▷ **150 g Mehl**
▷ **5 kleine Eier**
▷ **1 Msp. Backpulver**

Füllung
▷ **500 g Sahne**
▷ **2 Pck. Vanillezucker**

Dekoration
▷ **Puderzucker**
▷ **Lebensmittelfarbe**

1 In einem Topf 1/4 Liter Wasser mit Butter oder Margarine und Salz zum Kochen bringen.

2 Die Hitze reduzieren, den Topf vom Herd nehmen und das gesiebte Mehl auf einmal in die Flüssigkeit geben. Wieder auf den Herd stellen und bei geringer Hitze so lange rühren, bis sich ein Teigkloß gebildet hat. Nun den Topf wieder vom Herd nehmen und die Eier nacheinander in den Teig einarbeiten. Mit dem letzten Ei das Backpulver zugeben.

3 Mit einem Spritzbeutel knapp walnussgroße Teigrosetten in großen Abständen auf ein mit Backpapier belegtes Backblech spritzen. 20 bis 30 Minuten bei 200 bis 210 °C backen, bis die Windbeutel goldbraun aussehen.

4 Das noch heiße Gebäck in der Mitte (waagrecht) auseinander schneiden und auf einem Kuchengitter erkalten lassen.

5 Sahne mit dem Vanillezucker steif schlagen. Die völlig erkalteten Windbeutel mit der Sahne füllen und zusammensetzen.

6 Zum Schluss die Windbeutel mit Puderzucker besieben oder mit bunten Glasuren bestreichen, die aus Puderzucker mit etwas warmem Wasser und verschiedenen Lebensmittelfarben angerührt werden.

7 Die Füllung kann nach Belieben mit frischen Beeren verfeinert werden. Die Beeren pürieren und unter die steife Sahne heben.

Schwäne

1 Aus vier Fünftel des Teiges walnussgroße Rosetten spritzen und 20 bis 30 Minuten backen.

2 Den restlichen Teig mit einer besonders dünnen Tülle s-förmig zu »Schwanenhälsen« spritzen und 8 Minuten backen.

3 Die Rosetten direkt nach dem Backen waagrecht durchschneiden. Die obere Hälfte erneut teilen – das werden die Flügel.

4 Die Unterhälfte nach dem Auskühlen mit der steif geschlagenen Sahne füllen, und in die Sahne den Hals und die Flügel setzen.

5 Die Schwäne zart mit Puderzucker bestäuben.

Katzenkuchen

Rührteig (▶ Seite 8)

Schwierigkeitsgrad: 2
Zeit: 2
Kosten: 2
Springform, 26 cm Ø

Zutaten

▷ **180 g Butter oder Margarine**
▷ **180 g Zucker**
▷ **6 Eier**
▷ **2 EL Mehl**
▷ **2 TL Backpulver**
▷ **100 g Butterkekse**
▷ **200 g gemahlene Haselnüsse**
▷ **100 g Schokoladenstreusel**

Dekoration

▷ **Schokoladenglasur**
▷ **nach Belieben 20–30 g Marzipanrohmasse für die Augen**
▷ **1–2 TL Puderzucker**
▷ **Zuckerschrift**

1 Butter oder Margarine schaumig schlagen, den Zucker langsam einrieseln lassen, dabei ständig weiterrühren. Die Eier einzeln hinzugeben und unter die Teigmasse rühren.

2 Mehl und Backpulver mischen, in die Schüssel sieben und gründlich unter den Teig rühren.

3 Die Butterkekse in einen Gefrierbeutel geben. Den Beutel fest verschließen und dann die Butterkekse mit einem Nudelholz zerbröseln. Die Brösel zusammen mit den Haselnüssen und Schokoladenstreuseln unter den Teig mengen.

4 Den Teig in die gefettete und bemehlte Springform geben und den Kuchen 50 bis 60 Minuten bei 170 bis 190 °C backen. Einige Minuten in der Form ruhen lassen, dann zum Abkühlen vorsichtig auf ein Kuchengitter stürzen.

5 Für die Dekoration zunächst eine Schablone in Form eines Katzenkopfes auf ein Blatt Papier malen und ausschneiden. Der Kopf soll so groß wie der Springformboden sein.

> ▶ **Tipp:** Aus dem Kuchenverschnitt können Sie eine hübsche Schleife für den Hals der Katze zuschneiden.

6 Die Katzenkopfschablone auf den Kuchen legen und die Form mit einem scharfen Messer vorsichtig zuschneiden.

7 Die Schokoladenglasur schmelzen und den Kuchen damit überziehen.

8 Für die Augen die Marzipanrohmasse mit Puderzucker verkneten und zwischen zwei Frischhaltefolien dünn ausrollen. Daraus die Augen zuschneiden und auf den Kuchen legen. Pupillen, Barthaare und Nase mit Zuckerschrift aufmalen.

Fruchtiger Schmetterling

Biskuitteig (▶ Seite 8)

Schwierigkeitsgrad: 2
Zeit: 3
Kosten: 3
Backblech

Zutaten

▷ **4 Eier, getrennt**
▷ **200 g Zucker**
▷ **1 Pck. Vanillezucker**
▷ **150 g Mehl**
▷ **50 g Speisestärke**
▷ **1 TL Backpulver**
▷ **1 TL Kakaopulver**

Füllung

▷ **200 g Sahne**
▷ **1 Pck. Sahnesteif**
▷ **1 Pck. Vanillezucker**

Belag

▷ **Unterschiedliche Früchte, z. B. 1 kleine Banane, 2 Kiwis, 1 Sternfrucht, 100–200 g Erdbeeren**
▷ **1 Pck. klarer Tortenguss**

1 Eigelb mit 4 Esslöffeln Wasser, 140 Gramm Zucker und Vanillezucker schaumig rühren, bis sich der Zucker aufgelöst hat.

2 Eiweiß mit dem restlichen Zucker in einer separaten Schüssel steif schlagen und auf die Eigelbmasse legen.

3 Mehl, Speisestärke, Backpulver und Kakaopulver darüber sieben und locker unterheben.

4 Den Teig gleichmäßig auf ein mit Backpapier ausgelegtes Backblech streichen und 10 bis 15 Minuten bei 190 bis 210 °C backen.

5 Den fertig gebackenen Biskuit vorsichtig auf ein mit Zucker bestreutes Tuch stürzen und das Backpapier abziehen. Auf einem Kuchengitter abkühlen lassen.

6 Die abgekühlte Biskuitplatte in der Mitte senkrecht in zwei Hälften durchschneiden.

7 Eine Schmetterlingsschablone in der Größe einer halben Biskuitplatte zuschneiden.

8 Für die Füllung die Sahne mit Sahnesteif und Vanillezucker steif schlagen. Die Sahne auf eine der beiden Biskuitplatten streichen, die zweite darauf legen.

9 Die Schablone auf den Kuchen legen und mit einem scharfen Messer ausschneiden. Die obere Biskuitplatte mit Obst so belegen, dass die Schmetterlingsform betont wird. Den Tortenguss nach Packungsanleitung zubereiten und gleichmäßig verteilen.

Schokoladenigel

Rührteig (▶ Seite 8)

Schwierigkeitsgrad: 2
Zeit: 3
Kosten: 2
Kastenform, 12 x 30 cm

Zutaten

▷ **130 g Butter oder Margarine**
▷ **130 g Zucker**
▷ **1 Pck. Vanillezucker**
▷ **4 Eier**
▷ **70 g Mehl**
▷ **60 g Speisestärke**
▷ **1 gestr. TL Backpulver**
▷ **1 TL Kakaopulver**
▷ **100 g Vollmilchschokolade**
▷ **100 g gemahlene Mandeln**

Dekoration

▷ **Schokoladenglasur**
▷ **50 g gestiftelte Mandeln**
▷ **20–40 g Marzipanrohmasse**
▷ **1 TL Puderzucker**
▷ **Nach Belieben Smarties, Zuckerperlen, Zuckerschrift, Schokolinsen**

1 Butter oder Margarine, Zucker und Vanillezucker schaumig rühren. Eier nach und nach unterrühren.

2 Mehl, Speisestärke, Backpulver und Kakaopulver mischen, in die Schüssel sieben und unter den Teig rühren.

3 Die Schokolade reiben und mit den Mandeln sorgfältig unter den Teig mischen.

4 Den Teig in die gefettete und bemehlte Kastenform füllen und 50 bis 60 Minuten bei 170 bis 190 °C backen.

5 Den fertigen Kuchen in der Form ein paar Minuten abkühlen lassen, anschließend auf ein Kuchengitter stürzen.

6 Den abgekühlten Kuchen in die Form eines Igels schneiden. Damit der Igel die

▶ **Tipp:** Um die Reste des Kuchens auf den Igel aufzubauen, schneiden Sie flache Stücke in verschiedenen Größen, die Sie kuppelartig auf die Igelform häufen und am Schluss an den Seiten abrunden.

richtigen Proportionen erhält, wird etwa ein Drittel des Kuchens weggeschnitten. Mit dem Kuchenrest können kleine Teile auf den Igel aufgebaut und mit Schokoladenglasur fixiert werden.

7 Die Schokoladenglasur im Wasserbad schmelzen. Den ganzen Igel damit überziehen und den Igelkörper mit Mandelstiften spicken.

8 Marzipanrohmasse mit Puderzucker verkneten, daraus Augen, Ohren und Nase für das Igelgesicht modellieren und an den entsprechenden Stellen anbringen. Für Augen und Nase kann man anstelle von Marzipan auch Smarties, Zuckerperlen und Schokolinsen usw. verwenden. Mit Zuckerschrift oder etwas Kuvertüre kann man auch Barthaare usw. aufmalen.

Bärentorte

Rührteig (▶ Seite 8)

Schwierigkeitsgrad: 2–3
Zeit: 2–3
Kosten: 2
Springform, 26 cm Ø

Zutaten

▷ **150 g Butter oder Margarine**
▷ **300 g Zucker**
▷ **1 Prise Salz**
▷ **1 Pck. Vanillezucker**
▷ **6 Eier**
▷ **375 g Quark**
▷ **450 g Mehl**
▷ **1 1/2 Pck. Backpulver**
▷ **100 ml Milch**
▷ **3 EL Kokosflocken**

Dekoration

▷ **250 g Puderzucker**
▷ **100 g Marzipanrohmasse**
▷ **Lebensmittelfarbe**
▷ **Zuckerschrift**
▷ **Gummibärchen**

1 Butter oder Margarine schaumig schlagen. Zucker, Salz, Vanillezucker und Eier hinzufügen und verrühren. Den abgetropften Quark unterrühren.

2 Mehl mit Backpulver mischen, auf den Teig sieben und mit der Milch unterrühren. Zum Schluss die Kokosflocken untermengen.

3 Den Teig in eine gefettete und bemehlte Springform füllen und 55 bis 60 Minuten bei 170 bis 190 °C backen. Die Torte zum Abkühlen vorsichtig auf ein Kuchengitter stürzen.

4 Für die Dekoration aus 200 Gramm gesiebtem Puderzucker mit 3 bis 4 Esslöffeln warmem Wasser eine Glasur herstellen und die erkaltete Torte damit gleichmäßig bestreichen.

5 Zwei Bärenschablonen anfertigen, jeweils etwa 11 Zentimeter lang.

6 Die Hälfte der Marzipanrohmasse mit 1 bis 2 Teelöffeln Puderzucker und Lebensmittelfarbe verkneten und zwischen zwei Lagen Frischhaltefolie 1 bis 2 Millimeter dünn ausrollen.

7 Die Schablone auf die Marzipanplatte legen und den ersten Bären zuschneiden. Mit einer anderen Farbe den zweiten Bären auf die gleiche Weise herstellen.

8 Die Bären mitten auf die Torte legen und mit Zuckerschrift Augen, Nase, Mund und Arme aufmalen.

9 Die Torte nach Belieben mit Gummibärchen dekorieren.

> ▶ **Tipp:** Geben Sie den Quark 1 bis 2 Stunden vor dem Backen in ein Sieb und lassen Sie ihn abtropfen, das erleichtert das Gelingen des Kuchens.

Häschenkuchen

Biskuitteig (▶ Seite 8)

Schwierigkeitsgrad: 2
Zeit: 2–3
Kosten: 2
2 Springformen,
26 und 17 cm Ø

Zutaten

▷ **250 g Möhren**
▷ **6 Eier, getrennt**
▷ **250 g Zucker**
▷ **2 Pck. Vanillezucker**
▷ **1 TL Zimt**
▷ **50 g Mehl**
▷ **1 TL Backpulver**
▷ **300 g gemahlene Mandeln**

Dekoration

▷ **250 g Puderzucker**
▷ **Evtl. Lebensmittelfarbe**
▷ **12 Dekor-Möhren**
▷ **Zuckerschrift**
▷ **Bunte Zuckerperlen**
▷ **Eventuell Smarties**

> ▶ **Tipp:** Um die Möhren selbst herzustellen färben Sie Marzipanrohmasse mit Lebensmittelfarbe ein und kneten die Masse bis sie geschmeidig ist. Daraus formen Sie kleine Möhren und kerben sie mit einem Stäbchen mehrmals quer ein. In das dickere Ende stecken Sie je eine Pistazie.

1 Die Möhren putzen, waschen und reiben.

2 Eigelb mit 170 Gramm Zucker und Vanillezucker schaumig schlagen. Geriebene Möhren zusammen mit dem Zimt dazu geben und alles gut verrühren.

3 Das Eiweiß in einer separaten Schüssel mit dem restlichen Zucker steif schlagen und auf die Teigmasse legen.

4 Mehl und Backpulver mischen, auf das Eiweiß sieben und alles locker unterheben. Die Mandeln untermengen.

5 Die Böden der Springformen mit Backpapier auslegen. Vier Fünftel des Teigs in die große, den Rest in die kleine Form füllen.

6 Die beiden Kuchen 50 bis 55 Minuten bei 170 bis 190 °C backen, danach zum Auskühlen auf ein Kuchengitter stürzen. Wenn die Kuchen kalt sind, den kleinen in die Mitte auf den großen Kuchen setzen.

7 Puderzucker sieben, mit 4 bis 5 Esslöffeln warmem Wasser zu einer Glasur verrühren und den Kuchen damit überziehen. Wer möchte, kann die Glasur mit Lebensmittelfarbe zart apricotfarben einfärben.

8 Den unteren Teil des Kuchens rundum mit Dekor-Möhren belegen. Mit Zuckerschrift einen Hasen auf die Kuchenoberfläche malen und mit Zuckerperlen verzieren. Statt Zuckerschrift kann man für Augen und Nase des Hasens Smarties verwenden.

Bunter Tierpark

Mürbeteig (▸ Seite 9)

Schwierigkeitsgrad: 2
Zeit: 3
Kosten: 1
Backblech

Zutaten

- ▷ **150 g Mehl**
- ▷ **130 g Zucker**
- ▷ **130 g gemahlene Mandeln**
- ▷ **130 g Butter oder Margarine**
- ▷ **1 Eigelb**
- ▷ **1 EL Zitronensaft**

Dekoration

- ▷ **200 g Puderzucker**
- ▷ **Lebensmittelfarbe**
- ▷ **Zuckerschrift**
- ▷ **Süßigkeiten nach Wahl**

1 Mehl auf die Arbeitsfläche sieben und in die Mitte eine Mulde drücken.

2 Zucker, Mandeln und Butter- oder Margarineflocken auf dem Mehlrand verteilen.

3 Eigelb und Zitronensaft in die Mehlgrube geben und alle Zutaten zügig zu einem geschmeidigen Teig verkneten. Den Teig in Folie einwickeln und für mindestens 1 Stunde in den Kühlschrank legen.

4 In der Zwischenzeit die Tierschablonen herstellen: Auf ein Blatt Papier werden verschiedene Tiere gemalt und anschließend ausgeschnitten.

5 Den Mürbeteig auf einer bemehlten Arbeitsfläche etwa 5 Millimeter dick ausrollen.

6 Die Tierschablonen auf den Teig legen und die Tiere mit einem spitzen Messer zuschneiden, auf ein mit Backpapier ausgelegtes Backblech legen und 15 Minuten bei 180 bis 200 °C backen.

Die Glasur mit Fruchtsaft oder Lebensmittelfarbe einfärben.

> ▸ **Tipp:** Wer Schwierigkeiten mit dem Zeichnen der Tiermotive hat, der kann Backpapier verwenden, das mit verschiedenen Motiven bedruckt ist, unter anderem auch mit Tiermotiven.

7 Die fertig gebackenen Tiere zum Abkühlen auf ein Kuchengitter legen.

8 Für die Dekoration verschiedenfarbige Puderzuckerglasuren vorbereiten: Für jede Farbe 2 bis 3 Esslöffel gesiebten Puderzucker mit einigen Tropfen warmem Wasser und beliebig bunter Lebensmittelfarbe zu einer glatten Masse verrühren.

9 Nun die Tiere nach Lust und Laune mit bunter Puderzuckerglasur bemalen. Mit Zuckerschrift alle Konturen nachziehen und die Tiere mit Süßigkeiten dekorieren.

Teddybär

Biskuitteig (▸ Seite 8)

Schwierigkeitsgrad: 2
Zeit: 2–3
Kosten: 2
Backblech

Zutaten

▷ **4 Eier, getrennt**
▷ **120 g Zucker**
▷ **1 Pck. Vanillezucker**
▷ **1 EL Kakaopulver**
▷ **1 TL Backpulver**
▷ **50 g Mehl**
▷ **50 g Speisestärke**

Füllung

▷ **1 kleine Banane**
▷ **200 g Sahne**

Dekoration

▷ **200 g Marzipanrohmasse**
▷ **1 EL Kakaopulver**
▷ **150–200 g Puderzucker**
▷ **Lebensmittelfarbe**
▷ **Zuckerschrift**
▷ **Smarties**
▷ **Dunkle Kuvertüre**

1 Eigelb mit 4 Esslöffeln Wasser, 80 Gramm Zucker und Vanillezucker schaumig schlagen. Dabei nimmt die Masse an Volumen zu und wird deutlich heller.

2 Eiweiß mit restlichem Zucker in einer separaten Schüssel steif schlagen und auf die Eigelbmasse legen.

3 Kakaopulver, Backpulver, Mehl und Speisestärke mischen, auf das Eiweiß sieben und locker mit einem Kochlöffel unterheben.

4 Den Teig auf das mit Backpapier ausgelegte Backblech streichen und 10 bis 15 Minuten bei 190 bis 200 °C backen.

5 Nach dem Backen die Teigplatte kurz ruhen lassen, Dann den Biskuit auf ein mit Zucker bestreutes Tuch stürzen, das Backpapier abziehen und den Kuchen auskühlen lassen. Die ausgekühlte Biskuitplatte senkrecht halbieren.

6 Den Umriss eines Teddybären in der Größe des halbierten Biskuits auf ein Blatt Papier malen und als Schablone ausschneiden.

7 Beide Kuchenhälften aufeinander legen und mit Hilfe der Schablone einen Teddybären zuschneiden.

8 Für die Füllung die Banane zerdrücken oder pürieren. Die Sahne steif schlagen, das Bananenmus untermengen und den Kuchen mit der Bananensahne füllen.

9 Für die Dekoration Marzipanrohmasse mit dem Kakaopulver und 2 Esslöffeln Puderzucker verkneten.

10 Das Marzipan zwischen zwei Lagen Frischhaltefolie 1 bis 2 Millimeter dünn ausrollen. Die Teddybären-Schablone auf das ausgerollte Marzipan legen und die Form ausschneiden. Den Marzipanbären auf den Kuchen legen und mit geschmolzener Kuvertüre überziehen.

11 Aus dem restlichen Puderzucker, einigen Tropfen Wasser und Lebensmittelfarbe eine Glasur zubereiten.

12 Dem Teddybären mit farbiger Puderzuckerglasur Hemd und Hose aufmalen, nach Belieben auch mehrfarbig.

13 Mit Hilfe der Zuckerschrift Augen, Nase und Mund malen. Auf diese Weise kann man auch die Konturen der Kleidungsstücke nachziehen.

14 Die Smarties dienen als Hemdknöpfe, man kann die Knöpfe aber auch mit Zuckerschrift aufmalen.

Kleeblatt mit Marienkäfern

Rührteig (▶ Seite 8)

Schwierigkeitsgrad: 3
Zeit: 3
Kosten: 2
Springform, 26 cm Ø

Zutaten für das Kleeblatt

▷ **140 g Butter oder Margarine**
▷ **200 g Zucker**
▷ **1 Pck. Vanillezucker**
▷ **4 Eier**
▷ **1/2 Pck. Backpulver**
▷ **100 g Mehl**
▷ **200 g gemahlene Mandeln**
▷ **70 g Schokoladenstreusel**

Dekoration des Kleeblatts

▷ **150 g Marzipanrohmasse**
▷ **2–3 EL Puderzucker**
▷ **Lebensmittelfarbe (grün)**
▷ **Zuckerschrift**

1 Die Butter oder Margarine schaumig rühren. Zucker und Vanillezucker einrieseln lassen. Die Eier hinzufügen und alles gut verrühren.

2 Mit Backpulver vermischtes Mehl auf die Teigmasse sieben und kurz unterrühren. Zum Schluss die gemahlenen Mandeln und die Schokoladenstreusel vorsichtig unter den Teig mischen.

3 Den Teig in die gefettete und bemehlte Springform füllen und 55 bis 60 Minuten bei 170 bis 190 °C backen.

4 Den fertig gebackenen Kuchen zum Abkühlen vorsichtig auf ein Kuchengitter stürzen.

5 Für die Dekoration wird auf ein Blatt Papier ein Kleeblatt gemalt – möglichst in der Größe des Springformbodens – und anschließend ausgeschnitten.

6 Die Kleeblatt-Schablone auf den erkalteten Kuchen legen und ihn entsprechend zuschneiden. Verschnitt für die Marienkäfer beiseite legen.

7 Die Marzipanrohmasse mit dem gesiebten Puderzucker und grüner Lebensmittelfarbe verkneten und zwischen zwei Lagen Frischhaltefolie 1 bis 2 Millimeter dünn ausrollen.

8 Mit Hilfe der Kleeblatt-Schablone die Marzipanplatte zuschneiden und vorsichtig auf den Kuchen legen. Zum Schluss die Konturen des Kleeblatts mit brauner Lebensmittelfarbe nachziehen.

Zutaten für die Marienkäfer

▷ **80 g Kuchenverschnitt (Rest vom Kleeblatt)**
▷ **50 g Banane**
▷ **20 g Butter**
▷ **2–3 EL Puderzucker**
▷ **Lebensmittelfarbe (rot)**
▷ **Zuckerschrift (braun)**

1 Den Kuchenverschnitt zerbröseln, die Banane zerdrücken und die Butter schmelzen. Alles miteinander vermischen und aus der Masse drei Marienkäfer formen.

2 Puderzucker sieben und mit einigen Tropfen warmem Wasser und roter Lebensmittelfarbe verrühren.

3 Die Käfer mit der Glasur überziehen, mit Zuckerschrift Punkte und Gesichter aufmalen.

4 Die Marienkäfer kühl stellen und erst kurz vor dem Servieren auf das Kleeblatt setzen.

> ▶ **Tipp:** Damit die Folie beim Ausrollen der Marzipanmasse nicht verrutscht, können Sie die Arbeitsfläche vorher feucht abwischen.

Ritterburg

Rührteig (▶ Seite 8)

Schwierigkeitsgrad: 2
Zeit: 2–3
Kosten: 3
Backblech

Zutaten

▷ **300 g Butter oder Margarine**
▷ **300 g Zucker**
▷ **7 Eier**
▷ **250 g Mehl**
▷ **1 Pck. Backpulver**
▷ **1 Pck. Schokoladen-Puddingpulver**
▷ **1 EL Kakaopulver**
▷ **50 ml Milch**
▷ **100 g gemahlene Mandeln**
▷ **100 g Kokosflocken**

Dekoration

▷ **250 g Aprikosenmarmelade**
▷ **400 g Marzipanrohmasse**
▷ **100–150 g Puderzucker**
▷ **1/2 TL Kakaopulver**
▷ **Lebensmittelfarbe**
▷ **Zuckerschrift**
▷ **2 kleine Papierfähnchen**

1 Die Butter oder Margarine schaumig schlagen. Zucker einrieseln lassen, Eier nach und nach einrühren.

2 Mehl und Backpulver mischen, über den Teig sieben und einrühren.

3 Puddingpulver und Kakaopulver sieben, über den Teig geben und mit der Milch unterrühren. Zum Schluss Mandeln und Kokosflocken untermengen.

4 Den Teig auf ein gefettetes und bemehltes Backblech gleichmäßig verstreichen und 45 bis 50 Minuten bei 170 bis 190 °C backen. Den Kuchen zum Abkühlen im Backblech auf ein Gitter stellen.

5 Die Marmelade pürieren, leicht erhitzen und den erkalteten Kuchen damit bestreichen.

6 300 Gramm von der Marzipanrohmasse mit 100 Gramm gesiebtem Puderzucker und dem Kakaopulver verkneten.

7 Das Marzipan zwischen zwei Lagen Frischhaltefolie 1 bis 2 Millimeter dünn ausrollen und den Kuchen damit belegen.

8 Auf ein Blatt Papier eine Ritterburg in der Größe des Backblechs zeichnen (siehe Foto) und als Schablone ausschneiden. Die Schablone auf den Kuchen legen und ausschneiden.

9 Den restlichen Puderzucker sieben, mit der restlichen Marzipanrohmasse verkneten und zwischen zwei Lagen Frischhaltefolie 1 bis 2 Millimeter dünn ausrollen.

10 Mehrere Fenster in verschiedenen Größen und ein großes Tor aus der Marzipanmasse ausschneiden und auf die Ritterburg legen.

11 Nach Belieben Reste vom Marzipan mit Lebensmittelfarbe färben, ausrollen und ein Gespenst daraus formen. Das Gespenst auf die Ritterburg setzen.

12 Mit Zuckerschrift die Ritterburg beliebig dekorieren und die Papierfähnchen anbringen (siehe Foto).

▶ **Tipp:** Sie können auch aus ausgerolltem Marzipan ein kleines Gespenst ausschneiden und dies in ein Fenster setzen (siehe auch die Gespenstertorte auf Seite 64). Kleine Spielzeug-Ritterfiguren auf den Zinnen sind ebenfalls eine hübsche Dekoration für die Burg.

Sparschwein

Rührteig (▶ Seite 8)

Schwierigkeitsgrad: 3
Zeit: 3
Kosten: 2
Kastenform, 30 x 12 cm

Zutaten

▷ **250 g Butter oder Margarine**
▷ **200 g Zucker**
▷ **1 Pck. Vanillezucker**
▷ **1 Prise Salz**
▷ **4 Eier**
▷ **230 g Mehl**
▷ **1 Pck. Backpulver**
▷ **1 Pck. Vanille-Pudding-pulver**
▷ **5 EL Milch**
▷ **3 EL gemahlene Mandeln**

Dekoration

▷ **250 g Marzipanrohmasse**
▷ **4–5 EL Puderzucker**
▷ **Lebensmittelfarbe (rot)**
▷ **Ein kurzes Stück Draht**
▷ **Zuckerschrift (braun) oder 2 braune Smarties**
▷ **Schoko-Goldtaler**

1 Die Butter oder Margarine mit dem Rührgerät schaumig schlagen. Zucker, Vanillezucker, Salz und Eier hinzufügen und alles auf höchster Stufe gut miteinander verrühren.

2 Mehl, Backpulver und Puddingpulver mischen, über den Teig sieben und mit der Milch unterrühren. Zum Schluss die Mandeln untermischen.

3 Den Teig in die gefettete und bemehlte Kastenform füllen und 50 bis 55 Minuten bei 170 bis 190 °C backen. Zum Abkühlen vorsichtig auf ein Kuchengitter stürzen.

4 Den erkalteten Kuchen um ein Drittel kürzen (ca. 10 Zentimeter abschneiden). Den größeren Teil in die Form eines Schweins schneiden.

5 Marzipanrohmasse mit gesiebtem Puderzucker verkneten und mit der Lebensmittelfarbe rosa färben.

6 Das Marzipan zwischen zwei Frischhaltefolien 2 bis 3 Millimeter dünn ausrollen und das Schwein damit umhüllen. Überstehendes Marzipan wegschneiden.

7 Aus dem Draht ein Ringelschwänzchen formen, mit rosa Marzipan umkleiden und an das Schwein stecken.

8 Ohren und Rüssel werden aus Marzipan geformt oder mit der Zuckerschrift aufgemalt. Die Smarties als Augen aufkleben.

9 Am Rücken einen kleinen Schlitz schneiden und den Schoko-Goldtaler anbringen.

▶ **Tipp:** Um das Schwein mit Marzipan zu umhüllen, wickelt man die ausgerollte Marzipanplatte vorsichtig um das Nudelholz und rollt sie von einer Seite des Schweins zur anderen langsam wieder ab. Dann andrücken und vorsichtig glätten.

Gitarre

Rührteig (▶ Seite 8)

Schwierigkeitsgrad: 2
Zeit: 2
Kosten: 2
Backblech

Zutaten

▷ **250 g Butter oder Margarine**
▷ **250 g Zucker**
▷ **2 Pck. Vanillezucker**
▷ **6 Eier**
▷ **1 TL Zimt**
▷ **250 g Mehl**
▷ **2 TL Backpulver**
▷ **1 TL Kakaopulver**
▷ **40 ml Milch**
▷ **250 g gemahlene Haselnüsse**

Dekoration

▷ **Ca. 200 g Puderzucker**
▷ **1/2 TL Kakaopulver**
▷ **20–30 g Marzipanrohmasse**
▷ **Lebensmittelfarbe**
▷ **Zuckerschrift**
▷ **Fruchtgummischnüre**

1 Die Butter oder Margarine schaumig schlagen. Zucker, Vanillezucker und Eier hinzufügen und alles gut verrühren.

2 Zimt, Mehl, Backpulver und Kakaopulver mischen, über den Teig sieben und mit der Milch unterrühren. Die Nüsse untermengen.

3 Den Teig gleichmäßig auf ein gefettetes und bemehltes Backblech streichen und 30 Minuten bei 170 bis 190 °C backen.

4 Den fertigen Kuchen zum Abkühlen mit dem Backblech auf ein Kuchengitter stellen.

5 In der Größe der Diagonale des Backblechs eine Gitarre auf ein Blatt Papier zeichnen und als Schablone ausschneiden. Die Schablone diagonal auf den Kuchen legen und ausschneiden.

▶ **Tipp:** Die abgeschnittenen Kuchenreste kann man in kleine Rechtecke schneiden, mit Schokoladenglasur überziehen und nach Belieben mit Zuckerstreuseln oder -schrift verzieren.

6 Aus gesiebtem Puderzucker und Kakaopulver mit 2 bis 3 Esslöffeln warmem Wasser eine Glasur zubereiten und die gesamte Gitarrenoberfläche sorgfältig damit bestreichen.

7 Für das Schallloch und den Saitenhalter die Marzipanrohmasse mit 1/2 Teelöffel Puderzucker und Lebensmittelfarbe verkneten. Das Marzipan zwischen zwei Lagen Frischhaltefolie 1 bis 2 Millimeter dünn ausrollen.

8 Das Schallloch mit Hilfe eines Glases ausstechen und auf den Kuchen legen. Aus dem Marzipanrest den Saitenhalter (1 x 6 cm) zuschneiden und auf der Gitarre anbringen.

9 Mit der Zuckerschrift das Wirbelbrett am Ende des Gitarrenhalses aufmalen. Die Saiten in Form von Fruchtgummischnüren anbringen.

Halloween-Torte

Rührteig (▶ Seite 8)

Schwierigkeitsgrad: 2
Kosten: 2
Zeit: 2–3
Springform, 26 cm Ø

Zutaten

▷ **200 g Kürbisfleisch**
▷ **150 g Butter oder Margarine**
▷ **150 g Zucker**
▷ **2 Pck. Vanillezucker**
▷ **4 Eier**
▷ **1 TL Zimt**
▷ **150 g Mehl**
▷ **2 TL Backpulver**
▷ **200 g gemahlene Mandeln**

Dekoration

▷ **100–150 g Marzipanrohmasse**
▷ **200 g Puderzucker**
▷ **Lebensmittelfarbe (grün, gelb, rot)**
▷ **Zuckerschrift**

> ▶ **Tipp:** Für die Torte kann man jede Kürbissorte verwenden, es bietet sich jedoch an, einen großen Kürbis zu nehmen: Höhlen Sie ihn vollständig aus, schnitzen Sie ein Gesicht und stellen Sie eine Kerze hinein. – Ihre Kinder werden begeistert sein!

1 Das Kürbisfleisch pürieren oder fein raspeln.

2 Butter oder Margarine schaumig schlagen. Zucker, Vanillezucker und Eier hinzufügen und verrühren. Kürbisfleisch und Zimt in den Teig geben und kurz weiterrühren.

3 Mehl und Backpulver mischen, über den Teig sieben und unterrühren. Mandeln untermischen.

4 Den Teig in die gefettete und bemehlte Springform füllen und 45 Minuten bei 170 bis 190 °C backen. Den Kuchen zum Auskühlen auf ein Kuchengitter stürzen.

5 Für die Dekoration eine Kürbisschablone auf ein Blatt Papier malen und ausschneiden. Der Kürbis soll etwa so groß sein wie der Springformboden.

6 Die Schablone auf die abgekühlte Torte legen und die Form zuschneiden.

7 Marzipanrohmasse mit 1 bis 2 Esslöffeln Puderzucker verkneten und zwischen zwei Lagen Frischhaltefolie 1 bis 2 Millimeter dünn ausrollen.

8 Die Kürbisschablone auf das ausgerollte Marzipan legen, einen Kürbis zuschneiden und die Marzipanplatte auf die Torte legen. Dazu wickelt man sie um das Nudelholz und rollt sie über den Kuchen vorsichtig wieder ab.

9 Für den Kürbisstrunk wird eine grüne Puderzuckerglasur vorbereitet. Dazu 1 Esslöffel gesiebten Puderzucker mit einigen Tropfen Wasser und grüner Lebensmittelfarbe verrühren.

10 Für Nase, Mund und Augen 1 bis 2 Esslöffel Puderzucker sieben und mit wenigen Tropfen Wasser sowie gelber Lebensmittelfarbe verrühren.

11 Den restlichen Puderzucker sieben, mit 2 bis 3 Esslöffeln warmem Wasser und orangefarbener Lebensmittelfarbe (rot und gelb gemischt) zu einer Glasur verrühren. Damit die Kürbisoberfläche bemalen.

12 Die Tortenoberfläche mit den farbigen Puderzuckerglasuren als Kürbis bemalen. Zum Schluss die Konturen mit Zuckerschrift vorsichtig nachziehen.

Gespenstertorte

Rührteig (► Seite 8)

Schwierigkeitsgrad: 2
Zeit: 3
Kosten: 3
Springform, 26 cm Ø

Zutaten

▷ **1 große Dose Pfirsiche, Abtropfgewicht ca. 470 g**
▷ **150 g Butter oder Margarine**
▷ **150 g Zucker**
▷ **1 Pck. Vanillezucker**
▷ **4 Eier**
▷ **200 g Mehl**
▷ **1/2 Pck. Backpulver**
▷ **1 EL Kakaopulver**
▷ **1 EL Milch**
▷ **100 g gemahlene Haselnüsse**

Belag

▷ **200 g Sahne**
▷ **1 Pck. Sahnesteif**
▷ **250 g Mascarpone**
▷ **150 g Pfirsichjogurt**
▷ **100 ml Pfirsichsaft (abgetropfte Flüssigkeit aus der Dose)**
▷ **100 g Zucker**
▷ **5 Blatt Gelatine**

Dekoration

▷ **1–2 TL Kakaopulver**

1 Pfirsiche gut abtropfen lassen, dabei den Saft auffangen. Die Hälfte der Früchte für den Rührkuchen in kleine Würfel schneiden, die andere Hälfte für den Belag beiseite stellen.

2 Die Butter oder Margarine schaumig rühren. Zucker, Vanillezucker und Eier hinzufügen und unterrühren.

3 Mehl, Backpulver und Kakaopulver über den Teig sieben und mit der Milch einrühren. Die gewürfelten Pfirsiche und die Nüsse unter den Teig mengen.

4 Den Teig in eine gefettete und bemehlte Springform füllen und 45 bis 50 Minuten bei 170 bis 190 °C backen. Zum Abkühlen den Kuchen vorsichtig auf ein Kuchengitter stürzen.

5 Für den Belag die restlichen Pfirsiche in feine Spalten schneiden und den erkalteten Kuchen damit belegen.

6 Einen Tortenring oder den Springformrand um die Torte legen und Sahne mit Sahnesteif steif schlagen.

7 In einer separaten Schüssel Mascarpone, Pfirsichjogurt, Pfirsichsaft und Zucker verrühren.

8 Gelatine nach Anleitung auf der Packung zubereiten und unter die Mascarponecreme rühren.

9 Die steif geschlagene Sahne unter die Mascarponecreme heben und die Masse gleichmäßig auf die Pfirsiche streichen. Die Torte 2 bis 3 Stunden kalt stellen.

10 Schablonen für das Gespenst und die Sterne auf ein Blatt Papier malen und ausschneiden.

11 Die Schablonen auf den inzwischen fest gewordenen Tortenbelag legen und die Tortenoberfläche dick mit Kakaopulver besieben. Die Schablonen und den Tortenring vorsichtig entfernen.

► **Tipp:** Die Gelatine muss sorgfältig verarbeitet werden, sonst wird die Creme nicht richtig fest. Beachten Sie, dass die Mascarponecreme nicht zu kalt sein darf, da die Gelatine sonst beim Einrühren sofort erstarrt. Rühren Sie schnell und kräftig, damit die Gelatine sich gleichmäßig verteilt.

Clown-Torte

Biskuitteig (▶ Seite 8)

Schwierigkeitsgrad: 2–3
Zeit: 2–3
Kosten: 3
Springform, 26 cm Ø

Zutaten

▷ **4 Eier, getrennt**
▷ **130 g Zucker**
▷ **80 g Mehl**
▷ **60 g Speisestärke**
▷ **1/2 Pck. Backpulver**

Füllung und Belag

▷ **400 g Naturjogurt**
▷ **150 g Zucker**
▷ **11 Blatt Gelatine**
▷ **400 g Sahne**
▷ **200 g Erdbeeren**

Dekoration

▷ **Frische Früchte, z. B. Sternfrucht für die Augen, Himbeeren für die Nase, Pfirsiche für den Mund**
▷ **1 Pck. klarer Tortenguss**

1 Eigelb mit 4 Esslöffeln Wasser und 85 Gramm Zucker schaumig schlagen. Die Masse nimmt dabei an Volumen deutlich zu und wird heller.

2 Eiweiß mit dem restlichen Zucker in einer separaten Schüssel steif schlagen und auf die Schaummasse legen.

3 Mehl, Speisestärke und Backpulver mischen, auf die Eimasse sieben und alles locker unterheben.

4 Den Teig in die mit Backpapier ausgelegte Springform füllen und den Kuchen 40 bis 50 Minuten bei 170 bis 190 °C backen. Die fertige Torte in der Form ein paar Minuten abkühlen lassen, dann vorsichtig auf ein Kuchengitter stürzen.

5 Für Füllung und Belag Jogurt und Zucker verrühren. Die Gelatine nach Packungsanleitung zubereiten und in die Jogurtmasse geben.

6 Sahne steif schlagen und unter die Jogurtmasse rühren. Die Hälfte der Masse abteilen und in eine separate Schüssel geben.

7 Erdbeeren pürieren und unter eine der beiden Hälften heben.

8 Die erkaltete Biskuittorte einmal waagrecht auseinander schneiden (siehe Seite 13). Einen Tortenring oder den Springformrand um den Tortenboden legen und die Erdbeermasse darauf streichen.

9 Darauf den Tortendeckel legen und vorsichtig andrücken. Die helle Jogurtmasse gleichmäßig aufstreichen. Die Torte 2 bis 3 Stunden kalt stellen und erstarren lassen.

10 Für die Dekoration die Tortenoberfläche mit Früchten nach Wahl in Form eines Clowngesichtes belegen. Dabei können Sie unseren Vorschlägen folgen (siehe Foto) oder ganz nach Ihrem Geschmack vorgehen.

11 Tortenguss nach Packungsanleitung zubereiten und gleichmäßig auf der Torte verteilen.

12 Die Torte erneut für einige Stunden, am besten über Nacht, kalt stellen. Den Tortenring erst kurz vor dem Servieren vorsichtig entfernen.

▶ **Tipp:** Für die Füllung können Sie auch Himbeeren, Heidelbeeren oder Brombeeren verwenden. Es sind sowohl frische als auch tiefgekühlte Früchte geeignet. Für den Belag hingegen sind frische oder Dosenfrüchte geeignet.

Schneemannkuchen

Rührteig und Biskuitteig
(▶ Seite 8)

Schwierigkeitsgrad: 3
Zeit: 3
Kosten: 2–3
2 Springformen, 17 cm und
28 cm Ø

Zutaten für den Schneekuchen

▷ **80 g Butter oder Margarine**
▷ **80 g Zucker**
▷ **2 Eier**
▷ **70 g Mehl**
▷ **70 g Speisestärke**
▷ **2 Msp. Backpulver**
▷ **1 EL Milch**

Belag

▷ **1 Banane**
▷ **Saft von 1/2 Zitrone**
▷ **200 g Frischkäse**
▷ **100 g Naturjogurt**
▷ **3 EL Puderzucker**
▷ **1/2 Pck. klarer Tortenguss**

Dekoration

▷ **2 EL Kokosflocken**
▷ **3–4 EL Puderzucker**
▷ **Bunte Zuckerperlen**

1 Die Butter oder Margarine schaumig schlagen. Zucker und Eier hinzufügen und alles gut verrühren.

2 Mehl, Speisestärke und Backpulver mischen, über den Teig sieben und mit der Milch unterrühren.

3 Den Teig in die gefettete und bemehlte große Springform (28 cm Ø) füllen und 20 Minuten bei 170 bis 190 °C backen. Auf ein Kuchengitter stürzen und auskühlen lassen.

4 Für den Belag die Banane in dünne Scheiben schneiden und mit Zitronensaft beträufeln.

5 Frischkäse, Naturjogurt und Puderzucker in eine Schüssel geben und miteinander verrühren.

6 Tortenguss nach Packungsanleitung zubereiten und unter die Frischkäse-Masse rühren.

7 Den erkalteten Kuchen mit Bananenscheiben belegen. Die Frischkäse-Masse gleichmäßig darauf verstreichen und alles mit Kokosflocken bestreuen.

8 Puderzucker sieben und mit einigen Tropfen warmem Wasser zu einer Glasur verrühren. Den Kuchenrand leicht mit der Glasur bepinseln und mit Zuckerperlen dekorieren. Den Kuchen kalt stellen.

Zutaten für die Schneemänner

- ▷ 1 Ei, getrennt
- ▷ 50 g Zucker
- ▷ 1 Pck. Vanillezucker
- ▷ 50 g Mehl
- ▷ 1 Msp. Backpulver
- ▷ 40 g Zwieback
- ▷ 120 g Ananas, frisch oder aus der Dose
- ▷ 150 g Sahne
- ▷ 1 Pck. Sahnesteif
- ▷ 1 Pck. Vanillezucker
- ▷ 2–3 EL Kokosflocken

Dekoration

- ▷ 60 g Marzipanrohmasse
- ▷ 1–2 EL Puderzucker
- ▷ Lebensmittelfarbe
- ▷ 1 kleines Stück Möhre
- ▷ Lakritze
- ▷ Bunte Zuckerperlen

1 Eigelb, Zucker und Vanillezucker mit 1 Esslöffel Wasser verrühren.

2 Eiweiß steif schlagen und auf die Eigelbmasse legen. Mehl mit Backpulver auf das Eiweiß sieben und locker unterheben.

3 Den Teig in die mit Backpapier ausgelegte kleine Springform geben und 20 Minuten bei 170 bis 190 °C backen. Zum Abkühlen auf ein Kuchengitter stürzen.

4 Den erkalteten Kuchen in kleine Würfel schneiden. Den Zwieback in eine Plastiktüte füllen und mit dem Nudelholz zerbröseln.

5 Die Ananas in kleine Würfel schneiden. Dosenananas gut abtropfen lassen und zerkleinern.

6 Sahne mit Sahnesteif und Vanillezucker steif schlagen. Biskuitwürfel, Zwiebackbrösel und Ananas zur Sahne geben und alles gut miteinander verkneten.

7 Aus der Masse viele große und kleine Bällchen formen, in Kokosflocken wenden und kalt stellen.

8 Marzipanrohmasse mit Puderzucker und Lebensmittelfarbe verkneten und daraus Hüte für die Schneemänner formen.

9 Aus der Möhre Nasen für die Schneemänner zuschneiden. Lakritzstücke an einem Ende dreimal einschneiden, so dass sie wie kleine Besen aussehen.

10 Aus den Bällchen Schneemänner zusammensetzen, sie mit Hüten, Nasen und Besen bestücken. Am Kopf jeweils zwei Zuckerperlen für die Augen anbringen.

11 Die fertigen Schneemänner kalt stellen. Erst kurz vor dem Servieren den Kuchen mit den Schneemännern dekorieren. Man kann sie auch auf der mit Kokosraspeln bestreuten Platte anrichten.

> ▶ **Tipp:** Soll es einmal schnell gehen, kann man anstelle von Biskuitkuchen auch fertige Biskuitstäbchen (ca. 150 g) verwenden. Auch fertige Torteletts oder ein Biskuitboden sind geeignet. – Biskuit lässt sich übrigens gut einfrieren.

Spiegeleierkuchen

Rührteig (▶ Seite 8)

Schwierigkeitsgrad: 1
Zeit: 2
Kosten: 2
Backblech

Zutaten

▷ **160 g Butter oder Margarine**
▷ **160 g Zucker**
▷ **1 Pck. Vanillezucker**
▷ **3 Eier**
▷ **160 g Mehl**
▷ **2 TL Backpulver**
▷ **2 EL Sahne**
▷ **100 g gemahlene Haselnüsse**

Belag
▷ **1 große Dose Aprikosen, Abtropfgewicht ca. 500 g**
▷ **1/4 l Milch**
▷ **1 EL Zucker**
▷ **1/2 Pck. Vanille-Puddingpulver**
▷ **200 g saure Sahne**
▷ **2 Pck. klarer Tortenguss**
▷ **Nach Belieben gehackte Pistazien**

1 Butter oder Margarine schaumig schlagen. Zucker, Vanillezucker und Eier hinzufügen und unterrühren.

2 Mehl und Backpulver vermischen, über den Teig sieben und mit der Sahne unterrühren. Die Nüsse untermengen.

3 Den Teig gleichmäßig auf ein gefettetes und bemehltes Backblech streichen und 15 Minuten bei 170 bis 190 °C backen.

4 Für den Belag die Aprikosenhälften in ein Sieb geben und abtropfen lassen. Dabei den Aprikosensaft auffangen.

5 Milch, Zucker und Puddingpulver verrühren und kurz aufkochen. Puddingmasse etwas abkühlen lassen, dann die saure Sahne unterrühren.

6 Nach 15 Minuten Backzeit Kuchen aus dem Ofen nehmen und die Puddingmasse darauf fleckenartig verteilen. Die Flecken sollen wie das Eiweiß eines Spiegeleis aussehen.

7 Den Kuchen erneut in den Ofen schieben und

▶ **Tipp:** Der Tortenguss kann statt mit purem Wasser auch mit dem aufgefangenen Aprikosensaft aus der Dose angerührt werden. Dieser wird dann mit Wasser aufgefüllt, um die erforderliche Menge zu erhalten.

bei gleicher Temperatur noch einmal 10 bis 15 Minuten backen.

8 Den Kuchen mit dem Blech zum Abkühlen auf ein Gitter stellen.

9 Wenn der Kuchen ganz erkaltet ist, werden die Aprikosenhälften, die das »Eigelb« darstellen, auf die Puddingflecken gelegt.

10 Tortenguss nach Packungsanleitung anrühren und gleichmäßig über den Spiegeleierkuchen verteilen. Nach Belieben kann man den Kuchen zusätzlich mit gehackten Pistazien bestreuen, bevor man den Tortenguss darüber gibt.

11 Zum Servieren wird der Kuchen in Stücke geschnitten, so dass jeder ein »Spiegelei« bekommt.

Kaugummitransporter

Rührteig (▶ Seite 8)

Schwierigkeitsgrad: 2–3
Zeit: 2
Kosten: 2
Kastenform, 12 x 30 cm

Zutaten

▷ **190 g Butter oder Margarine**
▷ **190 g Zucker**
▷ **1 Pck. Vanillezucker**
▷ **3 Eier**
▷ **300 g Mehl**
▷ **2 gestr. TL Backpulver**
▷ **90 ml Milch**
▷ **70 g Kokosflocken**

Dekoration
▷ **3 EL Puderzucker**
▷ **Keksröllchen (für die Bordwand)**
▷ **Schokoladenglasur**
▷ **6 runde Kekse (für die Räder)**
▷ **6 bunte Schokoplätzchen (für die Lichter)**
▷ **Zuckerschrift**
▷ **Kaugummikugeln (für die Ladung)**

1 Butter oder Margarine schaumig schlagen. Zucker und Vanillezucker einrieseln lassen. Die Eier einzeln hinzugeben und alles gut verrühren.

2 Mehl und Backpulver mischen, auf den Teig sieben und mit der Milch unterrühren. Zum Schluss die Kokosflocken untermengen.

3 Den Teig in die gefettete und bemehlte Kastenform geben und 50 Minuten bei 170 bis 190 °C backen. Den Kuchen zum Abkühlen vorsichtig auf ein Kuchengitter stürzen.

4 Aus dem erkalteten Kuchen die Ladefläche für den Transporter ausschneiden. Das abgeschnittene Kuchenstück an einem Ende als Führerhaus aufsetzen und mit etwas Puderzuckerglasur fixieren. Dazu

Puderzucker sieben und mit einigen Tropfen Wasser verrühren.

5 Die Keksröllchen dienen als Bordwand, sie werden auf die Ladefläche gesetzt und mit ein wenig Puderzuckerglasur fixiert.

6 Schokoladenglasur im Wasserbad schmelzen und den gesamten Transporter damit überziehen.

7 Auf die noch feuchte Glasur können nun die Räder in Form von Keksen sowie die Lichter in Form von bunten Schokoplätzchen angebracht werden.

8 Zum Schluss die Konturen mit Zuckerschrift nachziehen und den Transporter mit Kaugummikugeln oder Ähnlichem »beladen«.

▶ **Tipp:** Den Transporter können Sie mit allem beladen, was Ihnen einfällt: mit Gummibärchen, Cola-Fläschchen, Überraschungseiern, oder auch mit kleinen Geschenken, kleinen Figuren, Spielzeugtieren, Perlen oder Murmeln.

Geburtstagszug

Rührteig (▶ Seite 8)

Schwierigkeitsgrad: 2
Zeit: 3
Kosten: 2
Backblech

Zutaten

▷ **250 g Butter oder Margarine**
▷ **250 g Zucker**
▷ **1 Pck. Vanillezucker**
▷ **Saft und Schale von 1 unbehandelten Zitrone**
▷ **5 Eier**
▷ **250 g Mehl**
▷ **1/2 Pck. Backpulver**

Dekoration

▷ **5–6 EL Nutella**
▷ **Schokoröllchen (für die Räder)**
▷ **Bunte Schokoplätzchen (für die Lichter)**
▷ **250 g Puderzucker**
▷ **Lebensmittelfarbe**
▷ **Bunte Zuckerstreusel**
▷ **Zuckerschrift**

1 Butter oder Margarine schaumig schlagen. Zucker, Vanillezucker, abgeriebene Zitronenschale, Zitronensaft und Eier unterrühren.

2 Mehl und Backpulver mischen, auf den Teig sieben und kurz unterrühren.

3 Den Teig auf das mit Backpapier ausgelegte Backblech streichen und 30 bis 35 Minuten bei 170 bis 190 °C backen. Den Kuchen im Blech auf einem Gitter abkühlen lassen.

4 Den erkalteten Kuchen in etwa 10 x 5 Zentimeter große Rechtecke schneiden.

5 Für die Lokomotive werden drei Rechtecke benötigt: Zwei Rechtecke aufeinander legen. Das dritte Rechteck halbieren und die beiden Hälften als Führer-

häuschen aufeinandersetzen. Die aufeinander liegenden Seiten zum Fixieren jeweils mit Nutella bestreichen.

6 Für die Waggons benötigt man jeweils zwei aufeinander gelegte, ebenfalls mit Nutella bestrichene Kuchenrechtecke.

7 Aus gesiebtem Puderzucker und etwa 4 Esslöffeln warmem Wasser eine Glasur anrühren. Die Glasur in verschiedene Gefäße füllen und mit je einem Tropfen Lebensmittelfarbe bunt einfärben.

8 Lok und Waggons mit den verschiedenen Puderzuckerglasuren bestreichen, mit Zuckerschrift Konturen aufmalen und mit Zuckerstreuseln dekorieren.

9 Als Räder werden unter die Lok und die Waggons Schokoröllchen gelegt. Als Lichter werden vorne an der Lok mit Hilfe von Nutella bunte Schokoplätzchen angebracht.

▶ **Tipp: Das Rezept ergibt sieben bis acht Waggons und eine Lok.**

Geburtstagsschiff

Rührteig (▶ Seite 8)

Schwierigkeitsgrad: 2–3
Zeit: 3
Kosten: 1–2
Kastenform, 30 x 12 cm

Zutaten

▷ **190 g Butter**
▷ **190 g Zucker**
▷ **4 Eier**
▷ **1 Pck. Vanillezucker**
▷ **1 EL Zitronensaft**
▷ **90 g Mehl**
▷ **1 TL Backpulver**
▷ **90 g Speisestärke**
▷ **2 EL gemahlene Mandeln**

Dekoration

▷ **2–3 Schoko-Butterkekse**
▷ **200 g Puderzucker**
▷ **Lebensmittelfarbe**
▷ **Schaschlikstäbchen**
▷ **Buntes Papier**
▷ **Tesafilm**
▷ **Zahnstocher**
▷ **Faden und Nähnadel**
▷ **Gummibärchen**

1 Butter schaumig schlagen. Zucker, Eier, Vanillezucker und Zitronensaft hinzugeben und verrühren.

2 Mehl, Backpulver und Speisestärke mischen, über den Teig sieben und unterrühren. Die Mandeln untermengen.

3 Den Teig in die gefettete und bemehlte Kastenform füllen, 50 bis 60 Minuten bei 170 bis 190 °C backen.

4 Den fertigen Kuchen zum Abkühlen vorsichtig auf ein Kuchengitter stürzen.

5 Für das Schiffsdeck aus dem abgekühlten Kuchen ein etwa 1 Zentimeter hohes Rechteck herausschneiden. Das Schiffsdeck, also die entstandene Vertiefung, mit Butterkeksen auslegen.

6 Puderzucker sieben, mit 3 bis 4 Esslöffeln warmem Wasser und Lebensmittelfarbe verrühren. Damit das Schiff überziehen.

7 Ein Schaschlikstäbchen als Mast in die Mitte des Decks stecken. Für das Segel ein Dreieck aus Papier zuschneiden und mit Tesafilm am Mast befestigen.

8 An den Schiffsbug einen Zahnstocher stecken. Mit einem Faden Zahnstocher und Schaschlikstäbchen verbinden. Kleine bunte Papierdreiecke zuschneiden und sie an diesem Faden befestigen.

9 Zum Schluss ein paar Gummibärchen als Matrosen auf das Schiff stellen.

> ▶ **Tipp:** Wenn Sie einmal wenig Zeit haben und die Detailtreue nicht so wichtig ist, können Sie die schnelle Variante für den Schiffsrumpf machen. Nach dem Auskühlen den Kastenkuchen einfach stürzen. Statt mit Gummibärchen können Sie das Schiff übrigens auch mit einer Mannschaft aus Playmobil-Figuren bestücken.

Bunte Autos

Biskuitteig (▶ Seite 8)

Schwierigkeitsgrad: 2–3
Zeit: 3
Kosten: 2
Kastenform, 30 x 12 cm

Zutaten

▷ **260 g Kartoffeln, mehlig kochend**
▷ **3 Eier, getrennt**
▷ **200 g Zucker**
▷ **1 Pck. Vanillezucker**
▷ **1 Prise Salz**
▷ **70 g gemahlene Haselnüsse**
▷ **100 g Grieß**
▷ **1 TL Backpulver**

Dekoration
▷ **80 g Marzipanrohmasse**
▷ **250 g Puderzucker**
▷ **Lebensmittelfarbe**
▷ **8 bunte Schokoplätzchen**
▷ **8 Lakritzschnecken**
▷ **Zuckerschrift**
▷ **Nach Belieben bunte Zuckerperlen**

1 Die Kartoffeln kochen, schälen, noch heiß durch die Kartoffelpresse drücken und dann vollkommen abkühlen lassen.

2 Eigelb, 140 g Zucker, Vanillezucker und Salz schaumig rühren. Die Masse nimmt deutlich an Volumen zu und wird heller. Erst dann gepresste, völlig erkaltete Kartoffeln unter ständigem Rühren nach und nach zum Teig geben.

3 Gemahlene Haselnüsse, Grieß und gesiebtes Backpulver gründlich untermengen.

4 Eiweiß mit dem restlichen Zucker in einer separaten Schüssel steif schlagen und mit einem Kochlöffel vorsichtig unter den Teig heben.

5 Den Teig in die gefettete und bemehlte Kastenform füllen und 50 bis 60 Minuten bei 170 bis 190 °C backen.

6 Den fertig gebackenen Kuchen ein paar Minuten in der Form lassen, anschließend zum Abkühlen vorsichtig auf ein Kuchengitter stürzen.

7 Aus dem Kastenkuchen entstehen zwei Autos. Dazu muss der Kuchen zunächst in der Mitte senkrecht auseinander geschnitten werden.

8 Aus jeder Kuchenhälfte wird nun links und rechts ein Rechteck herausgeschnitten, so dass jeweils die Umrisse eines Autos entstehen. Dabei können Sie die Form selbst bestimmen: Sie können die Rechtecke etwas schräg oder im rechten Winkel abschneiden, das Dach abrunden, vorne für eine lange Schnauze etwas weniger abschneiden als hinten usw.

9 Die Marzipanrohmasse mit 1 bis 2 Teelöffeln Puderzucker verkneten und zwischen zwei Lagen Frischhaltefolie 1 bis 2 Millimeter dünn ausrollen.

10 Auf beide Autos jeweils genau angepasste Marzipanflächen auf Motorhaube und Frontfenster sowie auf Kofferraum und Heckfenster legen.

11 Aus gesiebtem Puderzucker mit 3 bis 4 Esslöffeln warmem Wasser eine Glasur herstellen, nach Wunsch einfärben und ein Auto damit bestreichen. Für die Vorder- und Rücklichter bunte Schokoplätzchen auf der feuchten Glasur anbringen (als Alternative kann man auch Smarties verwenden).

12 Die Lakritzschnecken bilden die Räder, dazu rollt man die Lakritze ein wenig ab, bis die Größe passt. Sie werden ebenfalls auf der noch feuchten Glasur angebracht.

13 Mit Zuckerschrift Fenster und Türen aufmalen und das Auto nach Belieben zum Beispiel mit Zuckerperlen bestreuen. Man kann mit Zuckerschrift einen Namen, eine Zahl, eine Automarke oder ein Symbol auf das Auto malen.

14 Nun mit der restlichen Glasur, eventuell in einer anderen Farbe getönt, das zweite Auto bestreichen. Auf die gleiche Art und Weise wie das erste Auto mit Rädern und Lichtern versehen, mit Fenstern und Türen bemalen und dekorieren.

▶ **Tipp:** Diesen Kuchen können Sie auch für »große Kinder« backen – ob zur Volljährigkeit, zum bestandenen Führerschein oder einfach für einen Autoliebhaber. Sie können die Autos beispielsweise mit den typischen Merkmalen der bevorzugten Automarke des Geburtstagskindes versehen. Die Autos sind auch eine nette Art, um einen Gutschein für Fahrstunden oder eine Reise zu verschenken

Glückwunschblume

Rührteig (▶ Seite 8)

Schwierigkeitsgrad: 2
Zeit: 2
Kosten: 2
Springform, 26 cm Ø

Zutaten

▷ **250 g Butter oder Margarine**
▷ **230 g Zucker**
▷ **1 Pck. Vanillezucker**
▷ **5 Eier**
▷ **2 TL Zimt**
▷ **3 EL Nutella**
▷ **230 g Mehl**
▷ **1 Pck. Backpulver**
▷ **50 ml Milch**
▷ **100 g gemahlene Haselnüsse**

Dekoration

▷ **250 g Puderzucker**
▷ **Lebensmittelfarbe**
▷ **Liebesperlen**
▷ **Bunte Zuckerstreusel**
▷ **Zuckerschrift**

1 Die Butter oder Margarine schaumig schlagen. Zucker, Vanillezucker und Eier hinzufügen und gut verrühren. Zimt und Nutella dazugeben.

2 Mehl und Backpulver mischen, über den Teig sieben und mit der Milch unterrühren. Die Nüsse untermengen.

3 Den Teig in die gefettete und bemehlte Springform füllen und 50 Minuten bei 170 bis 190 °C backen.

4 Den fertig gebackenen Kuchen zum Abkühlen vorsichtig auf ein Kuchengitter stürzen.

5 Eine Blumenschablone auf ein Blatt Papier malen, sie soll etwa so groß wie der Tortenboden sein. Die

▶ **Tipp:** Um den Rand des Kuchens möglichst vollständig mit den Zuckerstreuseln zu verzieren, müsssen Sie sehr rasch arbeiten, denn die Glasur wird schnell hart. Am besten geht es zu zweit!

Schablone ausschneiden, auf den Kuchen legen und den Kuchen mit einem scharfen Messer entsprechend zuschneiden.

6 Für die Dekoration Puderzucker sieben, mit 4 bis 5 Esslöffeln warmem Wasser und beliebiger Lebensmittelfarbe zu einer Glasur verrühren und den Kuchen damit bestreichen. Auf der noch feuchten Glasur den Rand des Kuchens rundum mit bunten Zuckerstreuseln verzieren.

7 Nun wird in der Kuchenmitte ein Kreis (Blütenstempel) mit Liebesperlen angelegt, und der Kuchenrand wird mit bunten Zuckerstreuseln bestreut.

8 Zum Schluss werden die Konturen der Blütenblätter mit Zuckerschrift nachgezogen.

Herz-Käse-Kuchen

Rührteig (▶ Seite 8)

Schwierigkeitsgrad: 1
Zeit: 1–2
Kosten: 1
Herzform, Fassungsvermögen 1 1/2 l

Zutaten

▷ **120 g Butter oder Margarine**
▷ **120 g Zucker**
▷ **1 Pck. Vanillezucker**
▷ **3 Eier**
▷ **400 g Magerquark**
▷ **2 EL Zitronensaft**
▷ **1/2 Pck. Backpulver**
▷ **120 g Mehl**
▷ **1 Pck. Vanille-Puddingpulver**
▷ **100 ml Milch**

Dekoration

▷ **150 g Puderzucker**
▷ **Fruchtherzen aus Äpfeln, Birnen, Mango oder Melone**
▷ **Bunte Zuckerperlen**
▷ **Zuckerschrift**
▷ **Fruchtherzen**
▷ **Nach Belieben Zuckerherzen, Smarties, Zuckerblümchen u. Ä.**

1 Butter oder Margarine schaumig schlagen. Zucker, Vanillezucker und Eier hinzufügen und unterrühren.

2 Quark und Zitronensaft einrühren. Mehl, Backpulver und Vanille-Puddingpulver vermischen, über den Teig sieben und zusammen mit der Milch kurz unterrühren.

3 Den Teig in die gefettete und bemehlte Form füllen. 50 bis 60 Minuten bei 170 bis 190 °C backen.

4 Den Kuchen nach dem Backen ein paar Minuten in der Form lassen, anschließend zum Abkühlen vorsichtig auf ein mit Backpapier belegtes Kuchengitter stürzen. – Achtung: Beim Abkühlen kann der Kuchen etwas einsinken.

5 Für die Dekoration Puderzucker sieben und mit 2 bis 3 Esslöffeln warmem Wasser zu einer Glasur verrühren. Den abgekühlten Kuchen mit der Glasur überziehen.

6 Den Herzrand mit bunten Zuckerperlen dekorieren. Dazu die Zuckerperlen auf das Backpapier streuen, auf dem der Kuchen steht. Dann das Papier anheben und die Perlen so an den Kuchenrand drücken. In die Herzmitte mit Zuckerschrift Geburtstagswünsche schreiben und die Oberfläche mit Fruchtherzen verzieren. Sie können das Herz auch ganz nach Ihren eigenen Vorstellungen dekorieren, beispielsweise mit Smarties die Konturen belegen oder eine Zahl – das Alter des Geburtstagskindes – legen usw.

Kuppeltorte

Biskuitteig (▶ Seite 8)

Schwierigkeitsgrad: 2–3
Zeit: 3
Kosten: 2–3
Springform, 26 cm Ø

Zutaten

▷ **5 Eier, getrennt**
▷ **180 g Zucker**
▷ **100 g Mehl**
▷ **1 TL Backpulver**
▷ **80 g Speisestärke**

Füllung

▷ **1 kleine Dose Aprikosen, Abtropfgewicht ca. 250 g**
▷ **1 Banane**
▷ **1/4 l Milch**
▷ **3 EL Zucker**
▷ **1/2 Pck. Schokoladen-Puddingpulver**
▷ **1 Pck. Vanillezucker**
▷ **150 g Butter**

Dekoration

▷ **Schokoladenglasur**
▷ **Liebes- und Zuckerperlen**
▷ **Nach Belieben Zuckerschrift**

1 Eigelb, 5 Esslöffel warmes Wasser und 140 Gramm Zucker schaumig schlagen.

2 Eiweiß mit dem restlichen Zucker in einer separaten Schüssel steif schlagen und auf die Eigelbmasse legen.

3 Mehl, Backpulver und Speisestärke vermischen, über das Eiweiß sieben und alles locker unterheben. Nun nicht mehr kräftig rühren, da das Eiweiß sonst zusammenfällt.

4 Biskuitteig in eine mit Backpapier ausgelegte Springform füllen und den Kuchen 40 bis 50 Minuten bei 180 bis 190 °C backen. Zum Auskühlen vorsichtig auf ein Kuchengitter stürzen.

5 Den erkalteten Kuchen in der Mitte waagrecht auseinander schneiden und die obere Hälfte würfeln. Die Biskuitwürfel in eine Schüssel geben.

6 Aprikosen in einem Sieb gut abtropfen lassen. Die Früchte in kleine Würfel schneiden und zu den Biskuitwürfeln geben.

7 Die Banane schälen, ebenso klein würfeln und zu den Biskuit- und Aprikosenwürfeln geben.

8 Aus Milch, Zucker, Puddingpulver und Vanillezucker nach Packungsanleitung Schokoladenpudding kochen. Unter Rühren auskühlen lassen.

9 Butter schmelzen und langsam unter den Pudding rühren. Alles gründlich verrühren, bis eine glatte, weiche Masse entsteht – eine so genannte gemischte Buttercreme.

10 Die Buttercreme zu den Früchten und den Biskuitwürfeln geben und alles miteinander vermischen.

11 Diese Masse auf die untere Tortenhälfte in Form einer Kuppel aufschichten und sorgfältig glattstreichen.

12 Schokoladenglasur im Wasserbad schmelzen und alles damit überziehen. Die Torte mit den Liebes- und Zuckerperlen verzieren und kalt stellen. Sie können auch mit Zuckerschrift ringsum »Happy Birthday« o. Ä. schreiben.

> ▶ **Tipp:** Die Früchte-Pudding-Masse kann auch zackenförmig auf den Biskuitboden getürmt und mit Smarties und Zuckerschrift verziert werden, so dass die Torte wie eine Krone aussieht.

Kleiner Zahlenkuchen

Rührteig (▶ Seite 8)

Schwierigkeitsgrad: 1
Zeit: 1
Kosten: 1
Springform, 17 cm Ø

Zutaten

▷ **130 g Butter oder Margarine**
▷ **100 g Zucker**
▷ **3 Eier**
▷ **2 EL Mehl**
▷ **1/2 Pck. Backpulver**
▷ **150 g gemahlene Haselnüsse**

Dekoration

▷ **Schokoladenglasur**
▷ **Smarties**
▷ **Bunte Zuckerperlen**

1 Butter oder Margarine schaumig schlagen. Zucker und Eier hinzugeben und verrühren.

2 Mehl und Backpulver mischen, über den Teig sieben und unterrühren. Die Nüsse untermengen.

3 Den Teig in die gefettete und bemehlte Springform füllen und glattstreichen. Den Kuchen 40 bis 50 Minuten bei 170 bis 190 °C backen.

4 Den fertig gebackenen Kuchen zum Abkühlen vorsichtig auf ein Kuchengitter stürzen.

▶ **Tipp:** Um den Rand des Kuchens gleichmäßig zu dekorieren, stellen Sie den abgekühlten Kuchen auf Backpapier, Butterbrotpapier oder Folie. Streichen Sie die Glasur auf und streuen Sie rund um den Kuchen die Zuckerperlen. Dann heben Sie das Papier oder die Folie an und drücken die Perlen an den Kuchenrand.

5 Schokoladenglasur im Wasserbad schmelzen und den Kuchen damit überziehen. Mit Smarties und Zuckerperlen verzieren.

Glückwunschkranz

Rührteig (▶ Seite 8)

Schwierigkeitsgrad: 1
Zeit: 1
Kosten: 1
Kranzform, 26 cm Ø

Zutaten

▷ **1/4 l Sonnenblumenöl**
▷ **250 g Puderzucker**
▷ **6 Eier**
▷ **2 Pck. Vanillezucker**
▷ **175 g Mehl**
▷ **175 g Speisestärke**
▷ **1 Pck. Backpulver**
▷ **100 ml Milch**

Dekoration

▷ **200–250 g Puderzucker**
▷ **Bunte Zuckerperlen**
▷ **1 Pck. Russisch-Brot (Buchstaben)**

1 Sonnenblumenöl, gesiebten Puderzucker, Eier und Vanillezucker verrühren.

2 Mehl, Speisestärke und Backpulver mischen, über den Teig sieben und mit der Milch unterrühren.

3 Den Teig in die gefettete und bemehlte Kranzform geben und 45 bis 50 Minuten bei 170 bis 190 °C backen.

4 Den Kuchen zum Abkühlen vorsichtig auf ein Kuchengitter stürzen.

5 Für die Dekoration den Puderzucker sieben und mit 3 bis 4 Esslöffeln warmem Wasser zu einer Glasur verrühren. Den Kuchen damit überziehen und mit bunten Zuckerperlen dekorieren.

6 Den Kranz mit Glückwünschen (Happy Birthday, Alles Gute zum Geburtstag, Für Katharina etc.) dekorieren, die mit Hilfe der Russisch-Brot-Buchstaben, die man darauf legt, geschrieben werden können.

7 Wenn die Kuchenglasur schon zu trocken ist, rührt man aus etwas Puderzucker und ein paar Tropfen Wasser eine neue Glasur an, um die Buchstaben damit zu fixieren.

8 Nach Belieben kann man auch den Kuchenrand mit dem Namen des Geburtstagskindes oder mit Glückwünschen beschriften. Bei der Dekoration des Kranzes sind Ihrer Fantasie dank des reichlichen Platzes keine Grenzen gesetzt.

▶ **Tipp:** Soll der Kuchen noch bunter werden, kann man die Buchstaben mit verschiedenen Farben glasieren. Dafür rühren Sie Puderzuckerglasur an, verteilen sie auf verschiedene Gefäße und färben sie mit verschiedenen Lebensmittelfarben ein. Tauchen Sie die Buchstaben in die bunten Glasuren und befestigen sie auf dem Kuchen. Wer mag, kann noch ein paar Zuckerperlen darüber streuen.

Geburtstagsstern

Rührteig (▸ Seite 8)

Schwierigkeitsgrad: 2
Zeit: 2–3
Kosten: 2
Springform, 26 cm Ø

Zutaten

▹ 1 Tafel Vollmilch-
   schokolade
▹ 150 g Butter oder
   Margarine
▹ 150 g Zucker
▹ 1 Pck. Vanillezucker
▹ 4 Eier, getrennt
▹ 1 Pck. Schokoladen-
   Puddingpulver
▹ 1 Msp. Zimt
▹ 50 g Mehl
▹ 1 TL Backpulver
▹ 3 EL Milch
▹ 100 g gemahlene
   Mandeln

Dekoration

▹ 100–150 g Puderzucker
▹ Süßigkeiten nach Wahl,
   z. B. Gummischnüre,
   bunte Zuckerstreusel,
   Zuckerblumen, Liebes-
   perlen, Weingummi,
   Smarties etc.
▹ Zuckerschrift

1 Die Schokolade raspeln
oder mit einem Messer
gut zerhacken.

2 Butter oder Margarine
schaumig schlagen.

Zucker, Vanillezucker und
Eigelb abwechselnd dazugeben und verrühren.

3 Puddingpulver, Zimt,
Mehl und Backpulver
mischen, über den Teig sieben und mit der Milch unterrühren. Die Mandeln und die
Schokolade untermengen.

4 Das Eiweiß steif schlagen
und unter den Teig
heben.

5 Den Teig in die gefettete
und bemehlte Spring-
form füllen und 40 bis 45
Minuten bei 170 bis 190 °C
backen.

6 Den fertig gebackenen
Kuchen zum Auskühlen
auf ein Kuchengitter stürzen.

7 Für die Dekoration eine
Schablone für den Stern
malen und ausschneiden.

▸ **Tipp:** Beim Zuschneiden des Sterns entstehen
kleine dreieckige Kuchen-
stücke, die ebenfalls mit
einer Glasur überzogen
und mit Süßigkeiten deko-
riert werden können.

Die Schablone auf den ausgekühlten Kuchen legen und
den Stern zuschneiden.

8 Puderzucker sieben, mit
2 bis 3 Esslöffeln war-
mem Wasser verrühren und
die Oberfläche des Kuchens
damit überziehen.

9 Zum Schluss die Ku-
chenoberfläche mit den
Süßigkeiten dekorieren und
mit Zuckerschrift Geburtstagsgrüße auf den Kuchen
schreiben oder passende
Motive aufmalen.

Geschenkpaket

Rührteig (▶ Seite 8)

Schwierigkeitsgrad: 1
Kosten: 1
Zeit: 1
Kastenform, 30 x 12 cm

Zutaten

▷ **130 g Butter oder Margarine**
▷ **200 g Zucker**
▷ **2 Pck. Vanillezucker**
▷ **4 Eier**
▷ **200 g Mehl**
▷ **1/2 Pck. Backpulver**
▷ **1 Pck. Vanille-Pudding-pulver**
▷ **4 EL Milch**
▷ **90 g Kokosflocken**

Dekoration
▷ **200 g Puderzucker**
▷ **Zuckerblumen**
▷ **Fruchtgummischnüre**

▶ **Tipp:** Es gibt spezielle Bleche im Handel, die sechs rechteckige Vertiefungen haben, so dass man – nach dem beschriebenen Rezept – kleine Kastenkuchen backen kann. Diese können Sie genauso dekorieren, wie es für das große Geschenkpaket beschrieben wurde, und so sechs hübsche kleine Päckchen schnüren.

1 Butter oder Margarine mit dem Rührgerät schaumig schlagen. Zucker, Vanillezucker und Eier hinzufügen und alles kurz auf höchster Stufe verrühren.

2 Mehl, Backpulver und Puddingpulver gut vermischen, auf den Teig sieben und mit der Milch unter den Teig rühren. Zum Schluss die Kokosflocken untermengen.

3 Den Teig in die gefettete und bemehlte Kastenform füllen und 45 bis 50 Minuten bei 170 bis 190 °C backen.

4 Den Kuchen nach dem Backen einige Minuten in der Form ruhen lassen, dann zum Abkühlen vorsichtig auf ein Kuchengitter stürzen.

5 Für die Dekoration aus gesiebtem Puderzucker mit 3 bis 4 Esslöffeln warmem Wasser eine Glasur zubereiten. Den ausgekühlten Kuchen damit überziehen.

6 Nun den Kuchen mit Zuckerblumen dekorieren und mit Fruchtgummischnüren, die wie Geschenkbänder angebracht werden, verzieren.

Kleine Schokokuss-Torte

Biskuitteig (▸ Seite 8)

Schwierigkeitsgrad: 2
Zeit: 2
Kosten: 1–2
Springform, 17 cm Ø

Zutaten

▷ **2 Eier, getrennt**
▷ **50 g Zucker**
▷ **1 Pck. Vanillezucker**
▷ **60 g Mehl**
▷ **1 Msp. Backpulver**

Füllung

▷ **100 g Sahne**
▷ **1/2 Pck. Sahnesteif**
▷ **7 kleine Schokoküsse**
▷ **100 g Quark**

Dekoration

▷ **100 g Sahne**
▷ **1/2 Pck. Sahnesteif**
▷ **Schokoladenstreusel**
▷ **5 kleine Schokoküsse**
▷ **Fruchtgummischnüre**
▷ **Smarties**
▷ **Zuckerschrift**

1 Das Eigelb mit 35 Gramm Zucker und Vanillezucker schaumig schlagen.

2 Das Eiweiß mit dem restlichen Zucker in einer separaten Schüssel steif schlagen und auf die Schaummasse legen.

3 Mehl und Backpulver über das Eiweiß sieben und locker unterheben.

4 Den Teig in die mit Backpapier ausgelegte Springform füllen. 30 bis 35 Minuten bei 170 bis 190 °C backen.

5 Den Tortenboden zum Abkühlen vorsichtig auf ein Gitter stürzen.

6 Für die Füllung die Sahne mit Sahnesteif steif schlagen. Die Schokoküsse ohne Waffel mit dem Quark unter die Sahne rühren.

7 Den ausgekühlten Tortenboden waagrecht in der Mitte auseinander schneiden und mit der Sahne-Quark-Masse füllen.

8 Für die Dekoration die Sahne mit Sahnesteif steif schlagen und die Torte damit überziehen. Zum Glattstreichen verwendet man am besten ein langes Messer.

9 Den Tortenrand mit Schokoladenstreuseln bestreuen (siehe dazu den Tipp auf Seite 84).

10 Die Tortenoberfläche mit den Schokoküssen, auf die man mit Zuckerschrift Gesichter malen kann, mit Fruchtgummischnüren und Smarties dekorieren. Hier sind der Fantasie keine Grenzen gesetzt.

▶ **Tipp:** Wenn eine mit Sahne überzogene Torte mit Zuckerschrift beschrieben wird, so sollte dies erst kurz vor dem Servieren der Torte geschehen, da die Schrift mit der Zeit verläuft und die Dekoration dann nicht mehr so schön aussieht.

Eistütentorte

Rührteig (▶ Seite 8)

Schwierigkeitsgrad: 2–3
Zeit: 3
Kosten: 2–3
Springform, 26 cm Ø

Zutaten

▷ **200 g Kirschen (aus dem Glas)**
▷ **150 g Butter oder Margarine**
▷ **150 g Zucker**
▷ **1 Pck. Vanillezucker**
▷ **4 Eier**
▷ **220 g Mehl**
▷ **1/2 Pck. Backpulver**
▷ **1 EL Kakaopulver**

Belag

▷ **200 g Naturjogurt**
▷ **6 EL Kirschsaft (Flüssigkeit aus dem Glas)**
▷ **50 g Zucker**
▷ **6 Blatt Gelatine**
▷ **300 g Sahne**

Dekoration

▷ **20 g Kokosfett**
▷ **40 g weiße Schokolade**
▷ **70 g gemahlene Mandeln**
▷ **70 g Zucker**
▷ **1 EL bunte Zuckerperlen**
▷ **1 EL Kokosflocken**
▷ **1 EL Kakaopulver**
▷ **1 Eisspitztüte**
▷ **15 Eiswaffelherzen**

1 Die Kirschen in einem Sieb gut abtropfen lassen. Etwas Kirschsaft für den Belag aufheben.

2 Die Butter oder Margarine schaumig schlagen. Zucker und Vanillezucker einrieseln lassen. Eier einzeln hinzufügen und alles gut verrühren.

3 Mehl, Backpulver und Kakaopulver mischen, über den Teig sieben und unterrühren. Die Kirschen untermischen.

4 Den Teig in die gefettete und bemehlte Springform füllen und 45 bis 50 Minuten bei 170 bis 190 °C backen. Zum Abkühlen auf ein Kuchengitter stürzen.

5 Für den Belag Jogurt, Kirschsaft und Zucker miteinander verrühren.

6 Gelatine nach der Packungsanleitung auflösen und ebenfalls unter die Jogurtmasse rühren. Die Sahne steif schlagen und unter die Jogurtmasse heben.

7 Einen Tortenring oder den Springformrand um den Tortenboden legen. Die Jogurt-Sahne-Masse aufstrei-

chen und das Ganze 2 bis 3 Stunden kühl stellen.

8 Für die Dekoration das Kokosfett schmelzen und die Schokolade fein reiben. Mandeln, Zucker, Schokolade, 3 Esslöffel Wasser und Kokosfett zu einer Masse verrühren und 1 Stunde kalt stellen.

9 Aus der fest gewordenen Masse sechs Kugeln formen und jeweils zwei Kugeln in Zuckerperlen, Kokosflocken und Kakaopulver wenden.

10 Die Eistüte in der Mitte mit einer Schere auseinander schneiden. Aber Vorsicht: Sie bricht sehr leicht. Die Torte mit den halben Eistüten und den Kugeln dekorieren.

11 Den Tortenring vorsichtig entfernen und den Tortenrand rundherum mit den Eiswaffelherzen verzieren.

▶ **Tipp:** Die Torte erst kurz vor dem Servieren mit den Waffelherzen verzieren, da sie schnell aufweichen und dann lappig werden.

Papageienzopf

Hefeteig (▸ Seite 9)

Schwierigkeitsgrad: 1–2
Zeit: 3
Kosten: 1
Backblech

Zutaten

▷ **500 g Mehl**
▷ **20 g Hefe**
▷ **80 g Zucker**
▷ **200–250 ml Milch**
▷ **5 EL Öl**
▷ **1 Ei**
▷ **1 Prise Salz**
▷ **Lebensmittelfarbe (gelb, rot, blau)**
▷ **20 g zerlassene Butter**

Dekoration

▷ **Nach Wunsch Lollis, Kerzen oder Papierschirmchen**

1 Das Mehl in eine Schüssel sieben und in die Mitte eine Mulde drücken.

2 Zerbröckelte Hefe, 1 Teelöffel Zucker und ein wenig lauwarme Milch in die Mulde geben und mit etwas Mehl zu einem Vorteig verrühren. Mit Mehl bestäuben, zudecken und 15 Minuten an einem warmen, zugfreien Ort gehen lassen.

3 Öl, Ei, restlichen Zucker, restliche Milch und Salz auf den Mehlrand geben und alle Zutaten zu einem glatten Teig verkneten. 1 Stunde zugedeckt an einem warmen Ort gehen lassen.

4 Den aufgegangenen Teig in drei gleich große Portionen teilen. Auf einer leicht bemehlten Arbeitsfläche jede Portion mit unterschiedlicher Lebensmittelfarbe beträufeln und kräftig verkneten, damit der Teig durchgefärbt wird.

5 Die verschiedenfarbigen Portionen zu drei gleich langen Strängen formen und daraus einen Zopf flechten.

6 Den Zopf auf ein mit Backpapier ausgelegtes Backblech legen, mit zerlassener Butter bestreichen und nochmals 10 Minuten gehen lassen. Dann 35 bis 45 Minuten bei 180 bis 200 °C backen.

7 Auf einem Kuchengitter auskühlen lassen. Dann entweder mit Puderzucker bestäuben oder die Lollis, Kerzen oder Schirmchen in den Zopf stecken.

▸ **Tipp:** Wenn es etwas schneller gehen soll, bietet sich die Verwendung von Trockenhefe an. Hier braucht der Vorteig nicht extra Zeit zum Gehen. Alle Zutaten werden vermischt und der Teig geht einmal.

Kleine Zitronensonne

Rührteig (▶ Seite 8)

Schwierigkeitsgrad: 2
Zeit: 2
Kosten: 1
Springform, 17 cm Ø

Zutaten

▷ **90 g Butter oder Margarine**
▷ **90 g Zucker**
▷ **2 Eier**
▷ **Schale von 1/2 unbehandelten Zitrone**
▷ **90 g Mehl**
▷ **1 Msp. Backpulver**

Dekoration

▷ **100–150 g Puderzucker**
▷ **2–3 EL Zitronensaft**
▷ **Lebensmittelfarbe (gelb, rot)**
▷ **2 gelbe Smarties**
▷ **Zuckerschrift (gelb, rot)**

1 Butter oder Margarine schaumig schlagen. Zucker und Eier abwechselnd hinzugeben und unterrühren. Die Zitronenschale abreiben und dazugeben.

2 Mehl und Backpulver mischen, über den Teig sieben und unterrühren.

3 Den Teig in die gefettete und bemehlte Springform geben und 30 Minuten bei 170 bis 190 °C backen. Zum Abkühlen auf ein Kuchengitter stürzen.

4 Für die Dekoration – die Sonne – den gesiebten Puderzucker mit Zitronensaft zu einer Glasur verrühren. Gelbe Lebensmittelfarbe in die Glasur mischen und auf der Mitte des Kuchens eine runde Fläche gelb ausmalen. Um einen gleichmäßigen Kreis zu erhalten, ein Glas in die Mitte des Kuchens setzen und den Kreis auf dem Kuchen markieren.

▶ **Tipp:** Legen Sie geriebene Zitronenschale auf Vorrat an. Dazu abgeriebene Zitronenschale mit Zucker vermischen und in einem Schraubglas im Kühlschrank aufbewahren. So hält die Zitronenschale etwa ein halbes Jahr.

5 In die gelbe Glasur einen winzigen Tropfen rote Lebensmittelfarbe geben und vermischen. Nun den Rest des Kuchens mit orangefarbener Glasur bestreichen. Mit einem Schaschlikstäbchen die gelbe Glasur – als Sonnenstrahlen – nach außen, in die orange Glasur verziehen. Wer die Sonne besonders knallig gestalten möchte, füllt von Anfang an die Zuckerglasur in zwei Gefäße und färbt einmal gelb und einmal intensiv rot. Die Farbaufteilung bleibt gleich.

6 Die beiden Smarties als Augen in die frische Glasur drücken. Nase und Mund werden mit roter Zuckerschrift oder dem Rest roter Glasur durch eine feine Tülle auf dem Spritzbeutel gemalt. Einige zusätzliche Strahlen zum Rand hin aufmalen.

Zwetschgenkuchen

Mürbeteig (▶ Seite 8)

Schwierigkeitsgrad: 1
Zeit: 2
Kosten: 1–2
Springform, 26 cm Ø

Zutaten

▷ **250 g Mehl**
▷ **1/2 Pck. Backpulver**
▷ **100 g Zucker**
▷ **1 Pck. Vanillezucker**
▷ **100 g Butter oder Margarine**
▷ **1 Ei**

Belag

▷ **700 g Zwetschgen**
▷ **100 g Quark**
▷ **1 EL Margarine**
▷ **1 EL Zucker**
▷ **1 EL Zitronensaft**
▷ **1 EL Speisestärke**
▷ **1 Eigelb**

> ▶ **Tipp:** Zwetschgen gehören zu den Pflaumen. Im Gegensatz zu den weichen Hauspflaumen, die eine ausgeprägte Fruchtnaht haben, lassen sich die festeren, runden Zwetschgen leichter vom Stein lösen. Darum – und wegen ihres aromatischen Geschmacks! – eignen sie sich besonders gut zum Backen und Einmachen.

1 Mehl und Backpulver vermischen, sieben und zusammen mit Zucker und Vanillezucker in eine Schüssel geben.

2 Kalte Butter- oder Margarineflöckchen darüber schneiden und zu Bröseln verarbeiten. Das Ei hinzufügen und alle Zutaten rasch zu einem Teig verkneten.

3 Den Mürbeteig in eine Folie wickeln und etwa 30 Minuten im Kühlschrank ruhen lassen.

4 Die Zwetschgen waschen, entsteinen und vierteln.

5 Quark, Margarine, Zucker, Zitronensaft und gesiebte Speisestärke gründlich miteinander verrühren. Es soll eine cremige Masse entstehen.

6 Drei Viertel des Mürbeteigs aus dem Kühlschrank nehmen, auf einer bemehlten Arbeitsfläche kurz durchkneten und zwischen zwei Frischhaltefolien in der Größe des Springformbodens ausrollen.

7 Die Mürbeteigplatte in die mit Backpapier ausgelegte Springform legen und die Ränder hochziehen. Mit der Quarkmasse bestreichen. Den Kuchen mit den Zwetschgen sehr dicht belegen.

8 Aus dem restlichen Mürbeteig Röllchen formen, diese flach drücken und den Kuchen gitterförmig damit belegen. Das »Gitter« mit verquirltem Eigelb bestreichen. Den Zwetschgenkuchen 40 Minuten bei 180 bis 200 °C backen und auskühlen lassen.

Über dieses Buch

Die Autorin und die Bäckerinnen

Die Rezepte wurden von drei erfahrenen Müttern entwickelt, aufgeschrieben, immer wieder verbessert und ganz auf die Wünsche und den Geschmack von Kindern abgestimmt:

Waltraud Reinisch (37), Mutter zweier Söhne im Alter von 4 und 1 1/2 Jahren, **Reni Fink** (34), Mutter einer sechsjährigen Tochter, und **Karin Schmidt** (41), Mutter eines achtjährigen Sohnes, haben ihre langjährigen Backerfahrungen zusammengeführt. Sie haben immer wieder neu gebacken, dekoriert und verziert, und so dieses Buch gemeinsam aus der Taufe gehoben.

Veronika Stadler hat ihre Rezepte und Ideen in eine praktische Form gebracht, und so ist dieses Buch entstanden, das in keiner Familie fehlen sollte.

Der Fotograf

Karl Newedel, Münchener Fotodesigner, sammelte nach seiner Ausbildung zum Koch nationale wie internationale Erfahrungen in großen Häusern, bevor er sich 1982 als freischaffender Food-Stylist einen Namen machte. Seit 1996 agiert er selbst hinter der Kamera und gibt mit seinen Fotografien zahlreichen Büchern ein unverwechselbares Gesicht.

Danksagung

Für die Unterstützung bei der Fotoproduktion danken wir Herrn Ernst Soldan. Der gebürtige Schweizer erkochte sich bereits 1974 einen ersten Michelin-Stern und behielt diesen, wie keiner vor ihm, 24 Jahre lang. Neben internationalen Auszeichnungen wurde er unter anderem zum Koch des Jahres gewählt. Seit 1996 bildet er mit Karl Newedel ein perfektes Team.

Bildnachweis

Alle Fotos: Karl Newedel, München, mit Ausnahme von: Seite 17 (Orangen), 20, 29, 30, 34, 37, 40, 70, 72, 74, 82, 92 von: Photo Alto, Paris: Rozenbaum & Cirou; Seite 94: MAURITIUS Die Bildagentur GmbH, Mittenwald: Teubner Foodfoto GmbH.

Haftungsausschluss

Die Inhalte dieses Buches sind sorgfältig recherchiert und erarbeitet worden. Dennoch können weder die Autorin noch der Verlag für die Angaben in diesem Buch eine Haftung übernehmen.

Unsere Rezepte werden von erfahrenen Fachautoren kreiert und erprobt. Wir freuen uns jedoch über Anregungen, Tipps oder Kritik und helfen bei Fragen gerne weiter. Bitte wenden Sie sich an: Weltbild Buchverlag –Originalausgaben–, Steinerne Furt 67, 86167 Augsburg, oder schicken Sie uns eine E-Mail an: Simone.Abele@weltbild.de

Impressum

Es ist nicht gestattet, Abbildungen und Texte dieses Buches zu digitalisieren, auf PCs oder CDs zu speichern oder einzeln oder zusammen mit anderen Bildvorlagen/Texten zu manipulieren, es sei denn mit schriftlicher Genehmigung des Verlages.

Weltbild Buchverlag
-Originalausgaben-
© 2003 Verlagsgruppe Weltbild GmbH,
Steinerne Furt 67,
86167 Augsburg
6. Auflage 2003
Alle Rechte vorbehalten

Projektleitung: Susanne Haffner
Redaktion: Annette Gillich
Bildredaktion: Susanne Allende
Umschlaggestaltung und Innenlayout: X-Design, München
Titelfoto: Karl Newedel, München
Satz: KL-Grafik, München
Reproduktion: P.O.M., Augsburg
Druck und Bindung: Offizin Andersen Nexö Leipzig GmbH, Spenglerallee 26–30, 04442 Zwenkau
Gedruckt auf chlorfrei gebleichtem Papier
Printed in Germany

ISBN 3-89604-812-0

Abkürzungen

Msp.	=	Messerspitze	gestr.	=	gestrichen	cm	=	Zentimeter
TL	=	Teelöffel	g	=	Gramm	mm	=	Millimeter
EL	=	Esslöffel	ml	=	Milliliter	°C	=	Grad Celsius
Pck.	=	Päckchen	l	=	Liter	Ø	=	Durchmesser

Stichwortregister

Rezeptregister